결혼은 잘못이 없다

결혼은 잘못이 없다

1판 1쇄 발행 2023년 6월 30일

지은이 이주은

펴낸이 김유열
지식콘텐츠센터장 이주희 | 지식출판부장 박혜숙
지식출판부·기획 장효순, 최재진, 서정희 | 마케팅 최은영, 이미진 | 인쇄 윤석원
북매니저 윤정아, 이민애, 정지현, 경영선

기획·책임편집 이진아콘텐츠컬렉션 | 디자인 co*kkiri | 인쇄 우진코니티

펴낸곳 한국교육방송공사(EBS)
출판신고 2001년 1월 8일 제2017-000193호
주소 경기도 고양시 일산동구 한류월드로 281
대표전화 1588-1580 홈페이지 www.ebs.co.kr
전자우편 ebs_books@ebs.co.kr

ISBN 978-89-547-7766-7 03180

ⓒ 이주은, 2023

결혼은 잘못이 없다

잘못이

이주은 지음

EBS
BOOKS

결혼은 달라질 수 있다

"결혼, 해야 할까요? 말아야 할까요?"

결혼에 대해 고민하는 젊은이들이 많아졌습니다. 연애는 하되 결혼은 하지 않겠다는 '비혼주의' 선언도 눈에 띕니다. 결혼을 선택하든 비혼을 선택하든 각자 자신의 삶에 책임을 지고 살면 누가 간섭할 일은 아닙니다. 하지만 오랜 시간 부부상담을 전문으로 해온 저는, 결혼을 권유합니다.

저는 결혼에 대해 할 말이 정말 많습니다. 결혼이란 무엇인지 늘 탐구하고, 많은 이들의 결혼생활 깊숙이 들어가 그들이 겪는 갈등 이면의 여리고 불안한 취약점을 찾아내고, 소망하는 욕구를 끄집어냅니다. 도저히 못 살겠다는 각자의 깊은 울렁임을 통찰하고, 갈등으로 고통받는 부부를 다시 연결시켜 제대로 된 결혼생활을 할 수 있도록 전문적으로 돕고 있습니다.

돌아보면 제 결혼생활은 참으로 고통스러웠습니다. 긴 세월 동안 캄캄한 터널 안에 혼자 있는 듯한 암담함과 고통 속에서 구르고 굴렀습니다. 그 지난한 과정 속에서 고통의 원인이 무엇인지, 어떤 이유로 이렇게밖에 될 수 없었는지, 그리고 어떤 깨달음이 나를 구했는지… 제게는 하나하나 살아 있는 자원이 되었습니다.

누군가 결혼에 대해 제게 묻는다면, 결혼은 풍요롭고 건강한 삶을 살게 해주는 더없이 좋은 선택이라고, 부부 두 사람이 주인공이 되어 자율권과 자생력을 갖는다면 안정적인 삶을 누릴 수 있다고 자신있게, 명확히 말할 수 있습니다.

"결혼하세요! 삶이 풍요롭고 깊어집니다. 진심으로 결혼을 권유합니다!"

물론 사람마다 사연도 다르고 어려운 사정도 다릅니다. 그럼에도 제가 결혼을 적극적으로 권하는 이유는 '결혼은 잘못이 없기 때문'입니다. 그럼 무엇이 문제일까요? 결혼을 하는 당사자가 지닌 심리적 이슈가 일으키는 문제가 문제일 뿐입니다. 딱히 사람이 문제라기보다는 문제가 문제인 셈입니다. 그런데 우리는 종종 혼동합니다. 문제가 문제가 아니라, 사람이 문제라고 말입니다. 한 번 더 강조하지만, 결혼은 잘못이 없습니다. 다만 관계에서 일어나는 갈등을 제대로 해결하지 못한 채 결혼 자체에 죄를 씌워 "결혼, 절대 하면 안 돼!"라고 해석할 뿐입니다.

"넌 항상 그런 식이야!!!"

"당신이 하는 게 그렇지… 별수 있겠어!"

이 말도 제가 상당히 순화한 말입니다.

"너에겐 심각한 결함이 있어. 그걸 고치지 않는 이상 우리는 좋은 관계를 맺기 어려워."

"나는 문제가 있는 인간이야. 부모마저 포기한 형편없는 인간인데 네가 뭘 어떻게 하겠니."

불행한 결혼생활을 하는 사람들은 상대를 비난하고 공격하며 자신을 비하하는 말을 자주 합니다. 갈등과 문제 자체가 아닌 사람에게 초점을 맞춥니다. 서로 사랑해서 결혼했는데 어째서 이런 일이 벌어지는 걸까요? 우리가 결혼에 대해 뭔가 잘못 알고 있어서일까요? 아닙니다. 앞에서도 말했지만 결혼에는 잘못이 없습니다. 다만 결혼에 대한 잘못된 기대와 오류적 해석, 그리고 오해가 우리의 눈과 귀를 막을 뿐입니다.

여러분은 결혼에 대해 어떤 생각을 하고 있나요?

'사랑해서 결혼하면 저절로 행복하게 살 것이다.'

혹시 아직도 이렇게 순수하고 아름다운 생각을 하고 계신가요? '그냥 알아서 저절로' 행복해지는 일은 없습니다. 솔로일 때도 힘든 일을 커플일 때 바라는 건 어이가 없는 일입니다. 그런데도 '결혼=행복'이라는 생각을 합니다. 어린 시절 읽었던 동화의 엔딩, '그래서 왕자와 공주는 오래오래 행복하게 살았습니다'가 무의식에 남아 있어서일까요? 그러나 동화는 동화일 뿐, 현실은 그렇지 않습니다. 저절로 주어지는 행복한 결혼생활이란 없습니다.

어찌 보면 지금처럼 결혼이 도마 위에 자주 오르고, 많은 문제를 드러내고, 세대 차이를 극명하게 보이던 때가 또 있었을까 싶습니다. 단군 이래 최대 난국이 아닌가 싶을 정도입니다. 이런 관점에서 보면 결혼은 피해야 하는 위기입니다. 그러나 위기는 결혼이 아닙니다. 결혼과 관련된 갈등을 제대로 직면하지 못하는 것, 그것이 진짜 위기입니다.

예전과 달리 요즘 세대는 결혼이 연애의 종착역이라고 생각하지 않습니다. 결혼에 대해 심드렁한 것을 넘어 '시니컬한' 태도를 보이기도 하는데, 거기에는 이유가 있습니다.

가장 큰 이유는 가부장제에 대한 반발과 개인주의적 성향이라고 생각합니다. 전통적인 결혼 제도에서는 가장(아버지 또는 남편)의 성공과 강력한 주도권이 가족의 행복이라고 여기는 측면이 강했다면, 지금은 가족 구성원 각자가 '내가 세상의 중심'이라고 생각하는 경향이 강합니다. 결혼을 통한 신분 상승 욕구가 완전히 사라졌다고 할 수는 없지만, 결혼으로 인해 오롯이 누리던 것들을 포기하느니 차라리 화려한

싱글의 삶을 살겠다는 이들이 늘어났습니다. 개인의 행복을 존중하고 추구하는 시대적 분위기 속에서 결혼에 신중해질 수밖에 없는 것도 사실입니다.

지금은 '비혼'이 '결혼'에 맞먹는 삶의 방식으로 받아들여지고 있습니다. 비혼은 결혼을 못 하는 게 아니라 하지 않는 것이고, 결혼을 나의 라이프스타일로 받아들이지 않겠다는 선언이며, 자신의 삶에 자율권을 부여하는 행위이자, 스스로를 존중하는 태도입니다. 내 인생의 우선순위를 선정할 때 무엇을 더 우위에 둘 것이냐를 고려한 합리적인 결정입니다. 자아실현, 즉 자아의 본질을 실현하여 삶을 충만하게 만들어나감에 있어 결혼이 그다지 좋은 제도가 아니라는 것을 깨닫고 나름의 방법을 찾아 실천한 세대의 성명서라 할 수 있습니다.

저는 비혼을 선택한 분들에게 응원의 박수를 보내며 그들의 선택을 기꺼이 찬성합니다. 비혼은 결혼만큼이나 중요한 의사결정이고, 사회의 다양성을 넓히고 유연성을 키우는 데 기여하고 있습니다. 부모의 강요에 못 이겨 마지못해 결혼을 하는 것은 굉장히 불행한 일입니다. 결혼은 반드시 해야 하는 숙제가 아닙니다. 얼마든지 선택할 수 있는 영역입니다. 자기 삶의 방식을 스스로 결정하는 젊은 세대를 보면 존경심도 들고, 솔직히 부러운 마음까지 듭니다.

그럼에도 여전히 결혼을 권하냐고요?

"예, 물론입니다."

제대로 준비한다면, 결혼을 하는 것이 여러 측면에서 이롭기 때문입니다. 물론 모든 사람이 결혼에 적합한 것은 아닙니다. 그러나 사랑하는 파트너와 안정감을 갖고 친밀감을 나누며 아름답고 충만하게 살 수 있는데 모호하고 애매한 두려움 때문에 삶의 선택지에서 결혼을 배제한다면, 이보다 안타까운 일은 없을 겁니다. 게다가 결혼에 대한 막연한 불안 때문에 거부감을 느낀다면 더욱더 차근히 생각해봐야 합니다.

결혼은 피해야 할 일이 아니라 적극적으로 배우고, 고민하고, 생각해야 하는 주제입니다. 부모님의 결혼생활이 불행했다고 나의 결혼생활도 그럴 것이라고 쉽게 단정하거나, '남들도 다 하니까'라는 막연한 생각으로 결혼을 결정해선 절대 안 됩니다. 특히 남들 다 하는 결혼이니까 그냥 그렇게 쉬운 줄 알고 생각 없이 따라 했다가는 진짜 큰일 납니다. 나는 어떤 사람인지, 상대와 어떤 방식으로 상호작용을 하는지 잘 알고 있어야 합니다. 자아성찰이나 상담을 통해 자기 자신에 대해 제대로 파악하고 있다고 생각했던 사람도 결혼 후 어려움을 토로하기도 합니다.

적극적으로 결혼을 권하면서도 결혼이 무조건적인 행복

을 가져다주지는 않는다는 제 말이 '뜨거운 아이스 아메리카노'처럼 들릴지도 모르겠습니다. 그렇기에 결혼에 대해 제대로 알아야 합니다. 행복한 결혼생활은 나와 배우자가 함께 창조해나가는 것이지 결혼 제도가 만들어주는 것이 아닙니다. 결혼만큼 현실적인 문제와 심리적인 문제를 동시에 그리고 적나라하게 드러내는 삶의 영역도 없습니다. 행복한 결혼생활이 내 삶의 질을 결정한다면, 나 스스로 진지하게 공부해야 하는 건 당연한 일입니다.

20년 넘게 커플상담과 부부상담, 가족상담을 해오면서 결혼이야말로 인생에서 가장 중요하게 다루어져야 하는 일이라고 생각하게 되었습니다. 결혼이 인생의 전부는 아니지만 그만큼 좋은 것을 저는 아직 발견하지 못했습니다. 결혼이 무엇이냐고 묻는다면 저는 이렇게 대답합니다.

"지금까지 당신은 당신 인생을 잘 살아왔고, 나는 내 인생을 잘 살아왔습니다. 결혼은 사랑과 존중으로 신뢰를 쌓아서 부부가 되어 살아가는 것입니다. 배우자의 편안함과 안녕을 진정으로 바라는 게 사랑이며, 평생 이렇게 사랑하겠다고 결심하는 의지가 결혼입니다. 그리고 서로가 얼마나 좋은 사람인지 평생 서로에게 공들여 알려주는 일입니다. 이 친밀감은 부부 애착이 되고, 자연스럽게 부부 중심의 결혼생활을 하게 됩니다."

이것이 바로 제가 생각하는 결혼의 본질입니다. 사랑에 처음 빠졌을 때만큼의 열정은 아니더라도 순간순간 상대의 현존에 매혹당하며, 삶에 대한 강력한 동기와 자극을 주고받고, 험난한 위기를 극복할 용기를 얻습니다. 냉혹한 세상에서 둘만의 온기로 버텨내기도 합니다. 지나치게 이상적인 이야기처럼 들리나요? 요즘 드라마에도 이런 부부는 없나요? 잉꼬부부라고 소문난 부부들도 속내를 들여다보면 제각각 심각한 문제를 갖고 있을까요?

행복한 결혼은 문제가 없는 결혼이 아닙니다. 아무 문제가 없다면, 오히려 그보다 더 큰 문제가 없습니다. 자주 싸우는 부부보다 한 번도 싸우지 않은 부부가 더 큰 문제를 안고 있는 경우가 많은 것처럼 말입니다. 행복한 결혼, 안정적인 결혼은 문제가 있어도 지혜롭게 극복하며 서로에 대한 친밀감을 새롭게 하는 것입니다. 상대의 결함을 있는 그대로 보고 장점을 인정하며 한 사람을 크고 넓게 포용하는 일이기도 합니다. 동시에 있는 그대로 나 자신을 타인에게 수용받는 일이기도 합니다.

결혼의 행복과 불행은 상대의 태도에 달려 있는 것이 아닙니다. 또한 제도의 문제에 달려 있는 것도 아닙니다. 양가 부모님의 문제도 아닙니다. 이런 것들이 외적이고 부분적인 것이라면 이보다 더 중요하고 전면적인 것은 당사자들의 '의지'입니다. 그리고 이 의지의 핵심은 '부부 애착', '부부 중심'입니다. 이것을 어떻게 형성하고 유지할 것인가가 이 책의 핵심이며 제가 처음부터 끝까지 줄기차게 강조할 주제입니다.

결혼은 제가 아주 오래 전부터 이야기하고 싶었던 주제입니다. 사실 요즘도 제 머릿속에는 이런 질문들로 가득합니다.

"어떻게 하면 사람들이 결혼에 대해 좀 더 편안하게 생각할 수 있을까?"

"어떻게 하면 결혼에 대한 오해를 풀 수 있을까?"

"어떻게 하면 부모에게서 자녀 부부가 건강하게 분화할 수 있을까?"

"어떻게 하면 우리 사회의 기초 단위인 가정을 건강하고 따듯하게 만들 수 있을까?"

"어떻게 하면 많은 사람들이 화, 폭력, 마약, 중독, 자살 등에서 벗어날 수 있을까?"

"어떻게 하면 이 모든 문제의 해결이 가정이며, 그 핵심이 부부라는 것을 전달할 수 있을까?"

각 분야의 전문가들이 한목소리로 주장하는 것이 있습니다. 모든 문제의 해결은 바람직한 가정으로부터 시작된다는 것입니다. 개인상담, 가족상담 사례를 비롯해 마약, 중독, 자살 등 대부분의 사회적 문제를 해결하기 위한 기초는 가족에게 격려와 지지를 받고 가정이라는 품에서 제대로 성장해야 한다는 답으로 귀결되곤 합니다. 그리고 가정의 중심에는 단연코 부부가 있습니다. 부부가 중심이 되어야 가정은 제대로 유지됩니다. 부부가 무너지면 도미노가 무너지듯 많은 문제들이 연달아 발생합니다.

결혼에 대한 이야기를 하고 싶다고 갈망하던 중 책을 쓸 기회가 찾아왔습니다. 오랫동안 기다려온 목마름 때문인지 현장에서 부부상담을 통해 깨닫고 배운 것들을 가감 없이 모두 쏟아 부을 수 있었습니다. 뜬구름 잡는 이야기나 좋은 게 좋은 거라는 식의 이야기는 제 성격과 맞지 않을뿐더러 독자 여러분에게도 큰 도움이 되지 않을 것이라고 생각합니다. 그러다 보니 간혹 어떤 부분에서는 불편하거나 아플 수도 있습니다. 가시를 발라내기 위해 맨살에 상처를 낼 때도 있습니다. 만약 책을 읽다가 강력한 감정이 올라온다면, 바로 그 부분에 집중해보시기 바랍니다. 두려움, 분노, 우울, 충격, 슬픔, 무력감 등 어떤 감정도 괜찮습니다. 다양한 감정을 충분히 느끼면서 마지막 페이지를 덮을 무렵, 결혼을 바라보는 시각이 조금은 달라져 있기를 바랍니다.

이 책의 1부는 결혼을 어떻게 바라보면 좋을지 다양한 관점을 담았습니다. 기존의 결혼 문화에는 수용할 만한 좋은 점도 있지만 새롭게 바뀌어야 할 부분도 많습니다. 각자 자신이 평소 갖고 있던 결혼관과 비교하면서 읽어보길 권합니다. 2부는 결혼생활에서 자주 겪는 갈등을 다양한 사례를 통해 풀었습니다. 갈등의 원인이 어디에서 비롯된 것인지, 어떻게 풀어야 할지 뿌리를 살펴보는 계기가 되길 바랍니다. 3부는 행복한 결혼생활을 만드는 핵심인 부부 중심, 부부 애착에 대한 내용입니다. 가장 중요한 부분이니 여러 번 반복해서 읽기를 권합니다.

마지막에는 관계에 도움이 되는 질문들을 제시했습니다. 연인, 배우자와 함께 대화를 나눠보세요. 부드럽게 눈을 마주보며 밝은 표정과 차분한 목소리로 이야기를 이어갑니다. 대화 도중 반론을 하고 싶어도 상대의 이야기가 끝날 때까지 참고 기다려주세요. 매일 잠깐이라도 시간을 내어 서로 질문을 주고받다 보면 이야기가 가지를 뻗어 훨씬 더 풍성한 대화의 장이 열릴 겁니다.

돌아보면 저는 참 운이 좋은 사람입니다. 저 혼자 한 일이 없습니다. 이 책이 세상에 나올 수 있도록 기다려주고 도와준 EBS출판사 관계자분들께 진심으로 고마운 마음을 전합니다. 오랜 시간 저와 뜻을 함께한 '이주은 부부상담'의 상담 전문가 선생님들과 직원 선생님들께도 고마움을 전합니다. 무엇보다 자신의 사례를 책에 싣도록 어려운 결정을 내려준 내담자들에게 특별히 감사의 인사를 전하고 싶습니다. 수년간 460회 이상의 개인 분석을 받고 있는데, 상담 때마다 뵙는 교수님께 특별히 깊은 감사함을 전합니다. 교수님이 계셔서 제 스스로를 더 섬세하게 탐색할 수 있었고, 거듭되는 크고 작은 통찰을 통해 더 깊게 성장할 수 있었습니다. 마지막으로 평생의 가장 친한 친구이자 든든한 울타리가 되어주는 존경스런 남편과 사랑스런 두 아들과 딸에게 깊은 애정을 전하며 부모님과 형제들, 조카들에게도 고맙습니다.

마지막으로 여러분에게 꼭 드리고 싶은 말이 있습니다. 내 결혼관은 내가 만들어가야 한다는 것입니다. 부모님이나 선생님, 친구의 의견에 귀를 기울일 수는 있지만 결국 최종 선택은 자신이 하고 그에 따른 책임도 스스로 져야 합니다. 그리고 그것은 충분히 가능한 일입니다.

저는 이 책이 결혼을 앞둔 사람들에게만 필요한 것이라고 생각하지 않습니다. 결혼에 대해 한번쯤 생각해보고자 하는 사람이라면 성별이나 나이에 상관없이 꼭 읽어보시기 바랍니다. 또한 이미 결혼생활을 하고 있는 부부라면 지금까지의 결혼생활을 재정비할 수 있을 것입니다. 결혼생활에 위기를 맞으신 분들에게도, 다음 결혼을 준비하고 있는 분들에게도, 이 책에 담긴 풍부한 사례와 이야기들이 조금이나마 도움이 되길 간절히 바랍니다. 더불어 현재 결혼한 자녀 부부에게 불편하고 괘씸한 감정을 갖고 있는 부모님들께도 일독을 권합니다.

이 책을 통해 각자가 결혼에 대해 다시 생각하고, 토론하고, 자신이 결혼해서 잘 살 수 있는 사람인지도 생각해보면서 궁극적으로는 어떤 삶을 살고 싶은지 '라이프스타일'에 대한 총체적인 그림을 그려보면 좋겠습니다. 그래야 결혼에 대한 허상을 깨고 자신의 삶에 도움이 되는 선택을 할 수 있습니다.

"이제 결혼은 달라져야 합니다."

이주은 드림

결혼이 개인의 삶을 끝장내는 감옥이나

공포스러운 올가미가 아니라

행복한 자아실현의 수단이 될 수 있을까요?

막연한 환상에서 벗어나 좀 더 현실적인 시각을 갖고

만족스러운 공동체 생활을 하는 게 가능할까요?

고리타분한 제도가 아니라 건강한 일상을

창조하기 위해서라도 이제는 결혼의 '종말'이 아닌

'진화'를 이야기해야 할 때입니다.

[1부]

어쩌다 결혼?

결혼은 무죄, 결혼에 대한 무지는 유죄

드라마틱한 스토리부터 리얼리티 다큐멘터리까지

"결혼, 해야 돼? 말아야 돼?"

한번쯤 이런 생각, 해보지 않았나요? 해도 탈, 안 해도 탈입니다. 결혼에 대해 쿨한 태도를 보이는 사람들은 누군가 결혼에 대한 이야기를 꺼내는 것만으로도 '시대착오적이며 굉장히 후진 사람'이라는 메시지라도 주듯, 무심하고 시크한 미소를 지으며 어깨를 으쓱합니다. 주변에선 10년 알콩달콩 연애하더니 결혼 1년 만에 파경을 맞았다는 살벌한 소식도 들립니다. 심지어 결혼이야말로 사랑의 무덤이라든가,

사랑을 지키기 위해서는 사랑하는 사람과는 절대로 결혼해서는 안 된다는 뼈 때리는 격언(?)도 있습니다.

그럼에도 사람들은 여전히 결혼에 대해 관심을 보입니다. 내 결혼이든 남의 결혼이든 일단 화제에 오르는 순간, 지대한 관심과 때로 왜곡된 말들로 낱낱이 해석하고 샅샅이 분석합니다. 신분 상승의 도구로 쓰이든, 생존의 방식으로 쓰이든, 가문과 가문의 결합이든, 순수한 사랑의 서약이든 결혼은 과거부터 현재까지 인간의 관심사 중 인기 랭킹 최상위를 차지해왔습니다. 개인의 호불호와 상관없이 시대와 장소를 뛰어넘는 '뜨거운 이슈'인 셈입니다.

우리는 언제부터 결혼을 했을까요? 좋아하는 사람과 함께 사는 가장 소박한 소원의 형태로써 이것이 초기 결혼의 의미였다면, 결혼 제도는 시대와 문화에 따라 그 내용과 형식이 계속 변화해왔습니다. 보편적인 사람들에게는 당연한 것이었고, 특히 사회적 약자에게는 생존을 위한 절대 조건이었습니다. 고대에는 남편이 죽으면 남편의 형제와 재혼함으로써 안전을 보장받았습니다. 부족 간의 전쟁에서 약탈혼도 흔했습니다. 결혼의 역사를 살펴보면 많은 생각이 듭니다. 단순하게 '내가 사랑하고 좋아하는 사람과 함께 산다'는 소박한 생각만으로 결혼생활을 시작했다가 평생 벗어나지 못하는 올가미에 걸린 사람도 많습니다.

그러나 과거와 달리 이제 결혼은 '선택'이 되었습니다. 산업화와 도시화로 인한 급격한 핵가족화, 여성의 사회적 지위 향상, 개인주의의 확산 등으로 결혼에 대한 기대도 변화하고 달라지고 있습니다. 생존 수단에서 벗어나 개인의 자아실현을 돕고 삶의 의미를 부여하는 생활공동체여야 한다는 생각이 확산되었습니다. 이런 점에서 인류학자 헬렌 피셔(Helen Fisher)의 말은 의미심장하게 다가옵니다.

"과거 1만 년보다 최근 100년간 결혼 관습이 더 변화했다는 사실을 볼 때 앞으로의 변화는 더욱 극적일 것이다."

결혼이 삶의 중요한 이슈임에도 불구하고 우리는 결혼에 대해 모르는 게 많습니다. 드라마틱한 스토리부터 리얼리티 다큐멘터리까지, 실로 어마어마한 일이 펼쳐지는데도 말입니다. 그렇기에 우리는 결혼에 대해 더 많이 알고 공부하고 깊이 생각해봐야 합니다.

결혼에 대한 이해와 오해

어떤 단어들은 원래의 의미를 알 수 없을 만큼 오해로 가득 차 있는데, 그중에서 결혼이 최고봉이 아닌가 싶습니다. 편견이라는 불에 태워지고, 선입견이라는 연기에 가려져 있는 데다 온갖 감정들에 돌돌 말려 있고, 인생 최대의 난관으로 둔갑되는가 하면 심지어 지옥으로 보이기도 합니다.

결혼은 그 자체만으로도 우리의 삶 전반에 걸쳐 커다란 영향을 미칩니다. 때문에 결혼을 내 삶의 중심에 놓을지 뺄지 충분히 시간을 갖고 생각해봐야 합니다. 영어나 수학보다 더 진지하고 깊게 파고들어 공부할 만한 가치가 있습니다. 일생일대의 전환점이 되는 결혼을 얼렁뚱땅 해치울 수는 없습니다.

그런데 우리는 과연 결혼에 대해 얼마나 알고 있을까요? 결혼에 대해 잘 알면 행복한 결혼생활을 할 수 있을까요? 자동차가 어떻게 움직이는지 이론적으로 빠삭하게 아는 것과 실제 안전하고 능숙하게 운전하는 것은 다릅니다. 그러나 운전을 하려면 적어도 자동차 조작법은 알아야 합니다. 핸들을 돌리고 브레이크를 잡고 기어를 바꾸는 등의 조작법을 아는 것이 자동차 도색을 무슨 색으로 하고, 좌석 시트를 어떤 가죽으로 두르며, 바퀴 휠을 어떤 브랜드로 할 것인지 고민하는 것보다 더 중요하고 실용적입니다. 물론 취향이라는 것이 있으니, 어떤 자동차를 선택할 것인지 차종과 디자인도 유심히 봐야 합니다. 그러나 정작 운전을 못한다면 무슨 소용이 있을까요. 형식이 중요하지 않다는 얘기가 아니라 형식을 따지기에 앞서 자신이 운전하기에 적합한 자동차인지 본질에 대한 고민을 해봐야 한다는 것입니다.

　결혼이 개인의 삶을 끝장내는 감옥이나 공포스러운 올가미가 아니라 행복한 자아실현의 수단이 될 수 있을까요? 막연한 환상에서 벗어나 좀 더 현실적인 시각을 갖고 만족스러운 공동체 생활을 하는 게 가능할까요? 고리타분한 제도가 아니라 건강한 일상을 창조하기 위해서라도 이제는 결혼의 '종말'이 아닌 '진화'를 이야기해야 할 때입니다.

결혼의 리모델링을 허하라

　결혼 제도는 수백만 년 동안 인류의 진화에 따라 다양한 형태로 변화를 거듭해왔습니다. 현대에 와서 변화 속도가 엄청나게 빨라지면서 다양한 가치관의 변화를 성착시키고 완충할 만한 충분한 시간적 여유를 갖지 못하기도 했습니다. 우리가 결혼에 대해 생각할 때 잊지 말아야 할 것은, 결혼 제도가 본질이 아니라는 겁니다. 결혼 제도 자체가 환경에 적응해온 결과입니다. 인류가 만든 모든 제도가 그러하듯 문제는 결혼 제도에 있는 것이 아니라 본질을 왜곡하고 잘못 사용한 데 있습니다.

　그렇기에 결혼에 죄를 물어서는 안 됩니다. 음주운전으로 사고가 났다고 술에 죄를 물을 수 없는 것과 마찬가지입니다. 결혼은 인류가 만든 최고의 발명품 중 하나입니다. 인간은 사회적 존재로서 결혼을 통해 영혼의 파트너를 합법적으로 인정받습니다. 자신의 여성성과 남성성을 상대에게 확인받으며 안정감 있는 삶을 누릴 수 있습니다. 결혼은 거창한 무언가가 아닙니다. 애정을 가진 두 사람이 상호교감을 통해 일상을 공유하고, 그 과정에서 남들은 결코 이해할 수 없는 특별한 감정을 쌓아나가는 매우 특별한 관계입니다.

결혼이 삶을 얼마나 건강하게 만드는지는 통계 자료에도 나옵니다. 노르웨이 암 등록 프로그램(The Cancer Registry of Norway) 연구진은 기혼자가 미혼자보다 암 생존율이 높다는 흥미로운 연구 결과를 발표했습니다. 1970년부터 2007년까지 40년간 남녀 44만 명을 대상으로 13가지 암으로 인한 사망자 수를 추적했는데, 남성의 경우 미혼자의 암 사망률이 기혼자보다 35퍼센트나 높았고, 미혼 여성은 기혼 여성보다 22퍼센트 높았습니다. 항암치료와 사후관리 과정에서 배우자의 감정적인 지지가 생존율의 차이를 만든다는 분석도 내놓았습니다. 시간이 지나면서 미혼자의 암 사망률이 기혼자와 비교했을 때 꾸준히 상승한다는 사실도 밝혀냈습니다.

이 연구 결과가 보여주듯, 결혼에는 긍정적인 측면이 많습니다. 그렇다면 우리도 결혼에 대한 편견에서 벗어나 결혼 제도를 좀 더 적극적으로 활용할 수 있지 않을까요? 수렵 사회나 농경사회의 대가족 제도에서 작동했던 결혼 제도의 운영 방식을 현대의 결혼에 이식하면 거부 반응만 나올 뿐입니다. 결혼의 위기를 말하는 현대 사회야말로 오랜 세월 당연하게 여겨왔던 고정관념과 편견을 깨고 새로운 패러다임을 만들어갈 적기입니다.

"결혼, 해야 돼? 말아야 돼?"

결혼에 관한 질문은 삶에 대한 것이며, 사랑과 관계에 대한 본질적인 물음입니다. 낡은 가치관과 속박, 제약에서 벗어나 중요한 것을 되찾아야 합니다. 우리는 결혼에 대한 선입견과 편견을 벗어던질 수 있습니다. 새로운 가치관과 생활방식에 맞춰 풍성하고 멋진 인생을 살아갈 수 있는 라이프스타일로 받아들일 수 있습니다. 결혼의 리모델링은 얼마든지 가능한 일입니다.

결혼은

삶에 대한

유쾌한 탐색이다

결혼해도 괜찮을까요?

"왜 꼭 결혼을 해야 하나요?"

얼마 전, 젊은 남성으로부터 이런 질문을 받았습니다. 결혼이라는 제도의 필요성을 딱히 느끼지 못하는 경우로, 연인과의 관계도 만족스럽고 반려동물도 있기에 별다른 정서적인 결핍이 느껴지지 않아 결혼의 필요성을 실감하지 못하고 있었습니다. 비혼주의자라고 못 박지 않아도, 지금 생활에 만족하기에 굳이 '결혼의 소용돌이' 속으로 뛰어들 필요가 없다는 겁니다.

그런데 곰곰이 들여다보면, 결혼을 소용돌이로 생각할 만큼 내면에 자리한 두려움이 느껴집니다. 결혼을 피하는 것이 혹시 깊은 관계를 피하려는 건 아닐까요? '혼자서도 충분해요'가 표면적 이유일 수 있지만, 한층 더 깊은 곳으로 파고들면 '혹시라도 불편한 관계가 되면 어떡해야 할지 모르겠어요. 불편한 관계 속으로 들어갈 자신이 없어요'라는 말은 아닐까요?

이토록 타인과의 관계를 힘들어하는 이유 중 하나는 관계를 맺으려면 학벌, 직장, 능력, 외모 등 '조건'을 갖춰야 한다는 생각 때문일 수 있습니다. 그래서 누군가는 이런 조건을 갖추려고 안간힘을 쓰고, 또 누군가는 아예 관계를 포기합니다. 연인 관계에서조차 이런 조건이 필요하다고 생각한다면, 결혼이 거대한 장벽처럼 느껴지는 것은 어쩌면 당연합니다.

그런데 이것은 관계에 대해 정말 잘못 알고 있는 것입니다. 관계는 어렵거나 복잡한 게 아닙니다. 관계란 '내가 얼마나 좋은 사람인지 스스로 먼저 알고, 타자로부터 확인받고, 나 또한 타자에게 당신이 좋은 사람이라는 것을 전달하는 것'입니다. 이것을 사랑하는 이성과의 관계에서 할 수 있는 것이 결혼의 본질입니다. 배우자를 통해 내가 얼마나 괜찮은 사람인지, 내 삶이 배우자로 인해 얼마나 윤기가 나는지를 확인받을 수 있습니다. 서로가 얼마나 사랑스럽고 가치 있는 사람인지를 상호 공유하는 것이 결혼입니다.

사랑하는 이성과 일상을 공유하는 것은 매우 특별한 일입니다. 기쁘고 신나고 때로는 슬프고 힘든 일상을 함께 나누고 서로 위로하면서 둘만의 특별한 경험을 쌓고, 그것을 자양분 삼아 서로의 삶을 성장시킬 수 있습니다. 결혼의 주된 동기는 두 사람이 동반자적 관계를 이루고 서로 격려하며 세상을 살아가는 것입니다. 자신들만의 리듬을 맞춰가는 기쁨을 마음껏 누릴 수 있습니다. 둘만이 아는 언어로 소통하고, 서로의 체취를 느끼며, 세상에 단 두 사람, 우리가 우리일 수 있음에 환한 미소를 지을 수 있는 것이 결혼입니다. 말하자면, 결혼은 삶에 대한 유쾌한 탐색인 셈입니다.

물론 연인 관계에서도 충분히 이런 관계 맺기는 가능합니다. 하지만 함께 살아보지 않고서는 맛보지 못하는 영역이 분명 존재합니다. 그 영역에 대해 호기심을 가져보면 어떨까요? 저는 "결혼을 꼭 해야 하나요?"라는 질문에, 이렇게 되묻고 싶습니다.

"결혼만이 줄 수 있는 특별한 기쁨을 모르고 살아도 괜찮을까요?"

결혼의 최종 목적지는 '성장'이다

결혼이 이렇게 좋은 것이라면 좀 이상하지 않나요? 왜 세상의 모든 부부들은 행복한 모습이 아닐까요? 왜 만나기만 하면 경쟁적으로 남편 험담을 늘어놓고, 아내를 헐뜯지 못해 안달일까요?

거의 대부분은 자기 인생의 불행이나 잘못을 배우자 탓으로 돌리기 때문입니다. 더 좋은 배우자를 만났다면 삶이 달라졌을 거라고 착각합니다. 남편은 '내 인생을 망친 인간'이고, 아내는 '내 발목을 잡은 존재'가 되어버립니다. 그런데 과연 이게 사실일까요?

결혼이 우리 인생을 풍요롭게 하려면, 어떤 배우자를 선택해야 하는지를 묻기 전에 내가 어떤 사람이 되어야 하는지를 먼저 물어야 합니다. 배우자는 나를 비추는 창입니다. 여기에 예외란 없습니다. 결혼은 내면의 의식 수준이 같은 두 사람의 결합입니다. 내 입맛에 딱 맞는 사람은 세상에 존재하지 않습니다. 결혼은 나에게 맞는 사람을 찾는 것이 아니라 맞춰가며 성장해나가는 과정입니다. 그렇기에 반드시 '애정'이라는 대전제가 있어야 합니다. 둘 사이가 애정으로 끈끈하게 접착되어 있다면 서로의 다른 면은 '뜯어 고쳐야 할 점'이 아니라 '존중하고 수용하며 맞춰가야 할 과제'입니다. 이 과정이야말로 아주 특별하고 색다른 경험입니다.

구체적인 예를 하나 들어보겠습니다. 밥을 게걸스럽게 먹으며 음식을 질질 흘린다고 남편 흉을 보는 아내가 있습니다. 남편은 아내의 잔소리 때문에 식사 때마다 눈치를 보느라 맛을 제대로 즐기기 어렵습니다. 이 장면을 보고 어떤 생각이 드나요? 깔끔한 게 중요할까요, 아니면 남편이 음식을 좀 흘리더라도 식사 시간을 즐기는 게 더 중요할까요? 남편이 음식을 흘리지 않고 먹었으면 하는 것은 아내의 욕구입니다. 하지만 그것이 당연하다고 생각해서는 안 됩니다. 아내에게는 당연한 것이 남편에게도 똑같이 당연하다고 말할 수는 없습니다. 음식을 맛있게 먹고자 하는 남편의 욕구를 존중하는 것보다 아내에게는 자신의 불편함이 더 중요했던 것은 아닐까요? 저 밑바탕에는 '내가 낫다'는 생각이 작동하고 있었던 건 아닐까요?

중요한 것은 평균적인 애정의 수위와 만족입니다. 음식을 좀 흘리는 남편의 그 행위 하나가 아내를 자극한 것은 아닐 겁니다. 일상생활에서 아내가 남편으로부터 충분히 애정을 느꼈다면 음식을 흘리는 행위쯤은 그냥 넘길 수도 있습니다. 이것이 바로 '부부 애착'의 모습입니다.

자신은 저녁에 샤워를 하고 자고, 상대방은 아침에 일어나서 샤워를 하는 습관을 갖고 있다고 해봅시다. 이런 차이

때문에 결혼을 포기해야 할까요? 상대가 샤워를 하지 않고 자는 것이 편하다면 상대가 만족할 수 있는 상태로 놔두는 것이 본인에게도 좋습니다. 혹 스스로 고정관념을 강하게 갖고 있다면 상대를 '좀 더 너그럽게 바라봐주자'라고 생각하고, 침대 시트를 자주 세탁하거나 여러 장의 시트를 구비해놓는 등 여러 해결 방법을 선택할 수 있습니다.

이런 습관은 상대가 지닌 여러 모습 중 하나일 뿐입니다. 좋은 면들이 훨씬 더 많다면 크게 문제되지 않습니다. 이때도 핵심은 부부 애착입니다. 결혼이라는 중대한 관문 앞에서 우리가 해야 할 것은 바로 이러한 작업입니다.

'맞지 않는 배우자를 만나서 인생 망치면 어떡하지.'

이런 걱정이 드나요? 단언하건대 내가 빛나는 사람인데 후줄근한 상대를 만날 확률은 그리 높지 않습니다. 이것이야말로 배우자를 결정하는 핵심입니다. 내가 이미 괜찮은 사람이니, 그에 맞는 사람을 잘 탐색하면 됩니다. 배우자와 코드가 맞지 않아도 카테고리를 신설해 둘만의 오롯한 세상을 조금씩 넓혀가면 됩니다. 성장이 필요 없을 만큼 완벽한 사람은 세상에 없습니다. 그러나 끈끈한 애정을 바탕으로 서로의 욕구를 존중하며 살아갈 마음이 있다면, 결혼은 그 무엇보다 훌륭한 선택이 될 것입니다.

연애 작사,

결혼 작곡

결혼은 두 사람의 합작품

연애를 하며 서로를 이해하고 결혼을 결정했다면, 사랑의 완성이 아니라 사랑의 시작으로 봐야 합니다. 우리가 노래를 들을 때 가사를 음미하기도 하지만 곡이 주는 선율과 리듬에 빠져들기도 하듯이 결혼은 두 사람의 합작품입니다. 연애 기간과 결혼 기간을 통틀어 평생 동안 자신과 상대를 이해하고 수용하는 것입니다.

더 이상 성장이 필요 없을 만큼 완벽하고 성숙한 상태로 결혼하는 이들이 있을까요? 세상에 그런 커플은 없다고 단

언합니다. 오히려 부부 관계를 통해 자기 내면의 결핍을 확인하고 씁쓸해지곤 합니다. 자신도 몰랐던 감정과 어디에서 튀어나왔는지도 모르는 옹졸함에 치가 떨릴 때도 있습니다.

결혼은 완벽하지 않은 두 사람이 만나 서로 격려하고 위로하고 협조하며 두 사람만의 새로운 삶을 설계하는 것입니다. 결혼을 통해 나와 우리를 성장시키는 과정은 때로 일상의 어려움과 고통을 수반하지만, 인생을 함께할 파트너가 있다는 사실은 그 자체로 큰 기쁨입니다. 혼자 살아도 일상의 어려움과 고통은 있습니다. 어떤 삶이든 모래를 삼켜서 진주를 만들어내는 조개와 닮았습니다. 결혼생활도 크고 작은 아픔을 삼키면서 함께 성장을 일구어내는 것입니다.

이렇게 고통과 아픔을 감내할 만큼 결혼이 충분히 가치 있는 것이냐고 묻는다면, 제 대답은 "그렇습니다"입니다. 결혼은 그 자체로 열정, 사랑, 격려, 지지, 양보, 믿음 등 수많은 선한 영향력을 내포하고 있습니다. 혼자일 때보다 더 큰 행복을 만날 수 있는 기회입니다.

배우자를 알아가는 것, 경이롭고 보람된 일

결혼의 가장 좋은 점이 뭘까요? 여러 가지가 있겠지만 제가 첫 손에 꼽는 것은 이것입니다.

"어린 시절 미약했던 존재감과 결핍을 회복하고 온전한 인간으로 성장할 기회를 얻는다."

성장 과정에서 받은 상처, 부모에게서 받지 못했던 관심과 애정, 존중받지 못했던 존재감을 배우자를 통해 충분히 회복할 수 있습니다. 원가족에게서 충분히 사랑받으며 성장한 사람은 더욱 성숙한 삶을 살아가게 됩니다. 좋은 배우자는 부모만큼이나 의미 있고 특별한 존재가 될 수 있다고 제가 입이 아프게 강조하는 이유이기도 합니다.

아버지의 외도로 평생을 괴로워하던 어머니를 보면서 자란 윤희 씨는 다행히 좋은 남편을 만나 결혼했습니다. 하지만 언젠가 남편이 외도를 해서 자신을 떠날 것이라는 불안과 두려움에 늘 괴로웠습니다. 불안과 두려움은 갈등으로 이어졌습니다. 사업에 몰입한 남편이 조금만 늦게 귀가해도 신경이 쓰였고, 혹 친구들과의 술자리로 늦어지는 날이면 불안이 더욱 몰려와 남편에게 화를 냈습니다.

이때 남편은 어떻게 대응해야 할까요? 일찍 귀가해서 아내 옆에 있어주면 문제가 해결될까요? 절대 그렇지 않습니다. 오히려 또 다른 문제가 생길 확률이 높습니다. 남편에게도 문제가 있을 수 있지만, 이때는 괴로움과 고통을 느끼는 아내 윤희 씨가 자신의 마음을 잘 들여다봐야 합니다. 자기 내면의 불안을 제대로 들여다보고 슬픔과 불안을 마주해야 합니다. 어릴 때부터 친정어머니의 감정쓰레기통 역할을 해왔기에 단번에 바뀌기가 쉽지 않다는 것을 인지하면서 말입니다.

이 부부를 상담하는 동안 대반전이 일어났습니다. 윤희 씨의 어려움에 공감한 남편이 바뀌기 시작했습니다. 남편은 아내를 깊이 이해하며, 어린 시절의 아내가 느꼈을 심정을 있는 그대로 보듬어주고 위로해주었습니다. 그러자 윤희 씨의 마음도 편안해지고 조금씩 단단해졌습니다.

상담이 진행되면서 가장 당황한 사람은 윤희 씨의 친정어머니였습니다. 친정어머니는 자신의 말을 무조건 들어주고 알아주던 딸이 갑자기 달라지자 딸을 맹렬하게 비난했습니다. 그로 인해 윤희 씨는 죄책감에 시달렸지만, 그럴수록 남편의 사랑과 지지 또한 강력해졌습니다. 어린 시절을 힘들게 보낸 아내를 사랑과 격려로 보듬으며 위로했습니다.

남편의 사랑으로 차츰 안정을 되찾은 그녀는 독립된 한 사람으로서 자신을 되찾는 작업을 하고 있습니다. 남편의 사랑과 위로 안에 머물며 언제까지 아이처럼 살 수는 없다는 것을 깨달은 덕분입니다. 정서적인 성장을 해야 결혼생활도 원만해진다는 것을 성찰한 것은 참 다행스러운 일입니다. 이제는 남편과 잠깐 연락이 닿지 않아도 견딜 수 있는 힘을 갖게 되었고 혼자서도 아이들을 돌보는 등 정말 많이 달라졌습니다.

친정어머니는 어떻게 되었을까요? 딸이 더 이상 엄마의 감정쓰레기통이 되지 않겠다고 결심한 후부터 친정어머니 또한 자신의 문제를 직시하기 시작했습니다. 딸이 하소연을 들어주지 않자 남편의 존재가 부각되었습니다. 결국 딸의 권유로 친정 부모님이 상담실을 찾아왔습니다. 수십 년 묵은 외도 사건이 수면 위로 올라왔고, 부부상담을 통해 케케묵은 감정을 모조리 풀어냈습니다. 처음에는 상담을 거부하며 화를 내고 격앙됐던 친정아버지가 점차 자신의 아내를 마주보기 시작했고, 안정적으로 상담이 진행됐습니다.

이렇듯 결혼은 젊은 부부만의 문제가 아닙니다. 중년과 노년 부부에게도 '현재진행중'인 문제가 허다합니다. "나이 들어서 무슨 결혼생활에 대한 고민이냐?" 싶겠지만 그렇지 않습니다. 오히려 남은 삶의 질과 품격을 높이기 위해서라도 적극적인 태도가 필요한 것이 노년의 결혼생활입니다. 노년의 부부는 상담이 더 수월하기도 합니다. 그동안 갈등도 있었지만, 이미 살아온 삶의 역사가 있는 터라 핵심적인 맥을 잘 잡아서 정서적으로 연결시키고, 대화의 실마리를 조금만 풀어내도 관계 개선이 한결 수월해집니다. 그간 살아온 삶을 통해 배우자가 소중한 존재라는 것을 충분히 느끼고 있기 때문입니다. 결혼으로 인한 부부의 성장은 나이와 상관없다는 것을 실감하는 대목입니다.

앞에서도 강조한 것처럼 연애부터 결혼까지 두 사람의 최종 목적은 '성장'입니다. 결혼은 한 인간으로서 원숙해지고 익어가는 과정입니다. 행복한 부부와 불행한 부부의 차이는 싸움을 하느냐 하지 않느냐, 문제가 있느냐 없느냐로 갈리는 게 아닙니다. 문제가 생겼을 때 어떤 태도로 해결해나가는지의 차이입니다. 이 차이에 따라 부부는 성장할 수도 있고 퇴보할 수도 있습니다. 여러분은 어느 쪽을 선택하고 싶나요? 결과는 전적으로 여러분 자신에게 달려 있습니다.

미혼부부로

살아보기

결혼도 '미리 살기'가 되나요?

'제주에서 한 달 살기', '한옥마을 일주일 살기' 등 한 지역을 제대로 체험하는 로컬 여행이 인기입니다. 유명한 곳에서 사진 한 장 찍는 SNS 관광이 아니라 의미 있는 경험을 중요하게 여기는 '가치 여행'에 대한 욕구가 반영된 것입니다. 낯선 곳에 정착하기 전 짧으면 짧다고 할 수 있는 한 달이나 일주일 동안 직접 살아보기도 하는데, 수십 년 이상 거의 반평생을 함께할 결혼이라면 더더욱 '미리 살기'가 필요하지 않을까요?

한 번 결혼이 영원한 결혼을 의미하지는 않습니다. 이혼과 재혼이라는 또 다른 선택지가 있습니다. 하지만 섣불리 결혼을 결정하면 양쪽 모두에게 큰 상처가 남을 수 있습니다. 시간, 돈, 감정 등 지불해야 하는 에너지도 만만치 않습니다. 아이가 있다면 양육권에 대한 문제도 생깁니다. 평생 '나의 편'이 되어줄 것처럼 굴던 사람이 순식간에 '남의 편'이 되는 과정을 실시간으로 겪고 나면 아이나 부모님, 타인의 시선 때문에라도 참고 살아보겠다는 생각이 천 리 만 리 도망갑니다. 한때 저 인간을 그토록 사랑했던 내가 천지분간 못했던 미친 년(놈)이었다는 현타가 오기도 합니다.

그래서 저는 결혼 전에 '미혼부부'가 되어볼 것을 적극적으로 권합니다. 결혼 전에 함께 살아보고 합리적으로 결정하는 것입니다. 쉽게 말하면 '선(先) 동거 후(後) 결혼'입니다. 맙소사, 세상에. 어떻게 결혼을 하기도 전에 동거부터 하냐고 눈을 동그랗게 뜨실까요? 동거가 가진 긍정적 기능이나 역할과 상관없이 우리 사회가 동거에 덧씌우고 있는 칙칙한 이미지가 있는 듯합니다. 결혼에 대해서도 수많은 오해가 있지만, 동거는 오해라고 말할 수도 없을 만큼 큰 죄를 짓는 것 같은 인상을 주는 면이 있습니다. 사랑해서 사는 것은 결혼이나 동거나 마찬가지인데 동거에만 주홍글씨를 박아놓은 것 같습니다.

그러나 기존의 생각에서 벗어날 수만 있다면, 미혼부부로 살아가는 일은 결혼에 대해 새로운 시각을 열어줍니다. 결혼이라는 제도에 갇히지 않고도 다양한 라이프스타일을 시도해볼 수 있습니다. 중요한 것은 결혼이냐 동거냐가 아니라, 내 삶을 주체적으로 선택할 수 있느냐 없느냐가 아닐까요? 다른 사람과 긴 시간 동안 마음과 재산을 공유하며 살아가는 일에 한층 더 참신하고 열린 마음으로 접근해보길 바랍니다.

미혼부부, 결혼 전 안전장치

미혼부부로 살 때 가장 좋은 점은 안전하다는 것입니다. 연애는 즐겁고 행복하기 위해 좋은 곳에 가고 좋은 것을 보는 데 집중합니다. 짜증이 나거나 맞지 않는 부분이 있어도 좋은 관계를 유지하기 위해 또는 상대를 위해 포기를 하기도 하고 맞추기도 하면서 적절히 타협합니다. 게다가 멋있고 예쁘게 꾸미고 데이트를 할 때만 만나니 어느 정도 각자 포장하는 일도 가능합니다. 어떤 사람은 5년 넘게 연애하는 동안 자신의 진짜 '승질머리'를 한 번도 보여주지 않았다고 합니다. '얼마나 사랑하면 성격까지 숨기며 노력했을까?'라고 착각하면 절대 안 됩니다. 오히려 생각하면 생각할수록 소름끼치는 일입니다. 사람은 오래 만나다 보면 자연스럽게 '자연체'로서의 인성이 드러나기 마련인데, 그것을 긴 시간 동안 적당히 인위적으로 막고 있었다는 건 자신이 보여주고 싶은 부분만 '의도적으로' 보여주었다는 겁니다. 굉장한 통제력을 갖고 있지 않으면 불가능한 일입니다.

반면 함께 살다 보면 완전히 감추거나 숨기는 게 불가능합니다. 연애가 '고지전'이라면, 결혼은 '전면전'입니다. 데이트를 하는 것과 일상을 함께하는 것은 완전히 다른 이야기입니다. 싸우고 화해하고 치고 박는 연애를 했더라도 연애는 어디까지나 연애, '소프트코어'에 불과합니다. 그에 비하면 결혼은 그야말로 '하드코어'에 속합니다. 일상을 공유한다는 말이 근사하게 들리나요? 하지만 막상 일상 속으로 뛰어들면, 상대에 대해 몰랐던 점들을 적나라하게 알게 됩니다. 10년 연애해도 결혼 1년 만에 헤어진다는 말이 과장이 아님을 실감하게 됩니다.

결혼생활이라는 바구니 안에는 여러 개의 알들이 들어 있습니다. 신선하고 건강한 알도 있지만, 건드리기만 해도 깨질 정도로 약하거나 겉보기와 달리 속이 곪은 알도 있습니다. 보기만 해서는 절대 알 수 없습니다. 직접 손으로 만지고 냄새 맡고 먹어봐야만 알 수 있습니다.

어떤 바구니를 골라도 상한 것 한두 개 정도는 섞여 있을 수 있습니다. 결혼은 두 사람이 만드는 상호작용이기에 왜 상한 알이 생겼는지 누구 한 사람 탓을 하기는 어렵습니다. 정리정돈 스타일이 안 맞을 수도 있고, 옷을 개는 방식이 안 맞을 수도 있으며, 바쁜 아침에 화장실을 누가 먼저 사용하느냐 하는 문제로 서운함과 불만을 느끼기도 합니다. 미혼부부로 살아보면 "이런 부분은 맞추기 어렵겠구나", "내가 노력한다고 될 일이 아니구나", "부모도 못 고친 저 버릇을 내가 어떻게 하진 못하겠구나"라는 생각이 들면서, 함께 사는 일이 장난이 아니라는 것을 깨닫게 됩니다. 소소한 다름을 찾아보며 웃어넘기는 일도 있지만, 다른 사람으로 환생하지 않는 이상 죽어도 참지 못할 것 같은 일들도 보입니다. 공동생활이 가능한 영역과 불가능한 영역이 좀 더 명확하게 보입니다. 그러니 적어도 3년쯤 살아보는 게 30년 동안 시름시름 속이 썩어가는 것보다 낫지 않을까요? 그렇다고 미혼부부 기간을 딱 3년으로 하라는 건 아닙니다.

미혼부부로 살 때 또 한 가지 좋은 점은 문제를 해결하는 태도를 알 수 있다는 것입니다. 결혼생활은 크고 작은 파도가 쉴 틈 없이 몰아치는 바다와 같습니다. 멀리서 볼 때는 리드미컬하게 파도를 타는 서퍼들이 멋있어 보입니다. 인생의 동반자, 든든한 파트너가 있다는 것은 생각만으로도 짜릿합니다. 서로 존중하며 배려하는 선배 부부, 친구처럼 사이 좋은 옆집 부부를 보면 남의 떡이 맛있어 보이듯 남의 결혼은 죄다 괜찮아 보입니다. 그래서 나도 그들처럼 파도타기에 도전합니다. 그러나 바다에 나가자마자 밀려오는 파도에 정신줄이나 안 놓으면 다행입니다. 보드 위에 제대로 서보기는커녕 엎어지고 자빠지면서 코로 입으로 짜디짠 바닷물을 연속해서 들이마십니다. 파도가 치는 것을 보는 것만으로는 절대 서퍼가 될 수 없습니다. 몸뚱이를 이끌고 차가운 바다로 나아가 하얗게 물거품을 일으키며 달려오는 파도를 타야 합니다. 남의 결혼 이야기를 평온하게 듣는 것만으로는 결혼생활이 무엇인지 1도 실감하지 못합니다. 돌격해오는 일상의 문제들을 하나하나 풀어가는 것이 진짜 결혼입니다.

그 과정에서 상대가 어떤 사람인지, 나를 대하는 태도는 어떤지, 어떤 생활 습관을 지녔는지를 들여다볼 수 있습니다. 실망하는 부분도 있겠지만, 생각하지 못했던 좋은 점을 발견하기도 합니다. 이런 측면에서 보면 미혼부부로 살아본다는 건 굉장히 안전한 방식입니다. 자신이 고른 보드에 턱을 몇 번 들이박더라도 바다에 익사하는 참사는 막을 수 있습니다.

연애 기간에는 보이지 않던 것들

미혼부부로 사는 동안 꼭 해야 할 일이 있습니다. 바로 '잘 싸우는 것'입니다. 연애할 때 겪는 갈등과 미혼부부일 때 겪는 갈등은 결 자체가 다릅니다. 어떤 방식으로 갈등을 겪고 풀어나가는지를 훨씬 더 면밀하게 들여다볼 수 있습니다. 이 과정을 서로 감내할 수 있다는 확신이 선다면 미혼부부 기간을 그대로 결혼으로 옮겨오면 됩니다.

그렇다면 언제부터 얼만큼 살아보면 좋을까요? 구체적으로는 연애 후 적어도 1년은 지난 후에 시도해보라고 권합니다. 연애 기간 중 첫 1년은 눈에 강력한 콩깍지가 낀 상태입니다. 이 콩깍지의 이름은 '핑크렌즈'인데 보이는 모든 것을 사랑스럽게 만듭니다. 흔하지 않은 시기이고 두 번 다시 돌아오지 않는 시기인 만큼 이때는 딱 하나만 하면 됩니다. 그저 잘 놀고 서로 사랑하는 일입니다. 이때는 주변에서 무슨 말을 해도 안 들립니다. 특히 반대라도 했다가는 역효과가 나기도 합니다. 일명 '로미오와 줄리엣' 현상입니다.

봄여름가을겨울 사계절을 거치며 1년쯤 지나면 단단하게 씌워져 있던 콩깍지가 서서히 벗어지기 시작합니다. 맨눈으로 돌아오는 시기입니다. 이때는 보지 말라고 해도 알아서 슬슬 잘 보게 됩니다. 보고 있어도 잘 몰랐던 것들이 보이기 시작하니까요. 바로 이때, 미혼부부로 함께 살아보면 결혼해도 될지 여부를 훨씬 더 정확하고 면밀하게 판단할 수 있습니다.

결혼에 대해 진지한 확신이 든다면 양가 부모의 개입을 최소화할 수 있는 미혼부부 기간을 1~2년 정도 가지는 것이 좋습니다. 결혼식이라는 이벤트는 언제든 열 수 있습니다. 중요한 것은 부부가 될 두 사람 사이의 친밀감, '부부 애착'을 형성하는 일입니다. 이것을 단단하게 형성하기 위해서는 두 사람만의 초기 3년이 가장 중요합니다. 미혼부부 기간 없이 바로 결혼한 경우, 이 시기에 양가 부모님이 개입하는 경우가 허다합니다. 부부 애착 형성에 방해를 받는 일도 많이 생깁니다.

부부 애착을 형성하는 일은 집을 짓기 전에 기반을 단단히 다지는 일입니다. 깊게 땅을 파야 할 시점에 벽을 올려라, 지붕을 놓아라, 여기저기서 간섭한다면 튼튼한 집을 짓기 어렵습니다. 마찬가지로 두 사람의 애착 관계가 무르익기도 전에 방해물이 생기면 관계가 불안정해질 수밖에 없습니다. 그래서 이 기간에 싸움을 많이 합니다. 부부 당사자들의 문제로 싸우면 억울하지나 않을 텐데, 양가 부모님 문제로 싸우는 경우는 서로를 지치게 합니다. 사랑해서 결혼했는데 왜 파트너보다 부모님에게 더 집중하는 걸까요? 언제부터 그렇게 효도를 했다고 말입니다. 배우자로 맞이한 것인지 대리 효도를 할 사람을 찾은 것인지, 이렇게 살 거면 결혼은 왜 하자고 했냐며 서운함을 있는 대로 드러냅니다.

부모는 자녀가 결혼하면 자신에게 소홀해질까 봐 무의식적으로 불안과 두려움을 느낍니다. 그럴수록 결혼 당사자들은 자신들과 부모의 문제를 구분해야 합니다. 강력한 결속력을 바탕으로 부부가 중심이 되는 모습을 정확하게 보여주어야 합니다. 이때 부모에게 휘둘리면 평생 끌려가는 상황이 되고 심리적 독립은 어려워집니다. 결혼생활의 열쇠는 부부가 공동으로 쥐고 있는 것이지 절대 부모에게 있는 것이 아니라는 점을 꼭 기억하길 바랍니다.

부모의 간섭 때문에 힘든 시기를 보내고 있는 신혼부부라면 부모가 무슨 이유로 자신들의 결혼생활에 끼어들려고 하는지 생각해봐야 합니다. 성인이 된 자녀에게 부모가 일일이 간섭하는 것도 문제지만, 결혼한 자녀에게 간섭하는 것은 더욱더 큰 문제입니다. 부모님의 부부 관계가 좋지 않을수록 자녀의 결혼생활에 간섭해서 자신의 존재감을 부각시키려는 경향이 강합니다. 결혼을 했으면 부모와는 건강한 방식으로 선을 긋고 부부가 서로에게만 집중해야 합니다. 부부 애착이 단단하게 형성되면, 이후에 일어나는 어지간한 일에는 흔들리지 않을 수 있습니다.

결혼에도 리허설이 필요하다

아직 유교 문화의 뿌리가 깊게 남아 있는 우리 사회에서 '미혼부부'를 권장하는 제가 여전히 리버럴한(liberal. 자유로운, 자유주의적인) 주장을 하고 있는 것 같은가요? 하지만 이것은 저 혼자만의 생각이나 상상이 아닙니다. 결혼하지 않고 동거하는 남녀가 결혼한 부부보다 관계 만족도가 높다는 과학적인 통계 자료가 있습니다. 여성가족부가 2020년 10월 만 19~69세 남녀 중 동거 경험이 있는 3,007명을 대상으로 진행한 '비혼 동거 실태조사' 결과에 따르면 동거 파트너 관계에 만족한다는 응답이 63퍼센트로 나타났습니다. '2020년 가족 실태조사'의 배우자 관계 만족도인 57퍼센트보다 높은 수치입니다. 특히 가사·돌봄 영역을 살펴보면 부부 관계에 비해 비혼 동거 가족이 압도적으로 공평하게 배분하고 있습니다. 동거 가족이 기혼 가족에 비해 훨씬 더 평등한 생활을 유지하고 있다는 증거입니다.

이런 통계가 의미하는 건 무엇일까요? 저는 지금의 젊은 세대가 결혼을 얼마나 버거워하는지 여실히 보여준다고 생각합니다. 어쩌면 당연한 현상입니다. 결혼과 동시에 며느리, 사위라는 의무가 생깁니다. '나'의 행복과 만족보다 '집안'이 우선시되면, 결혼생활의 주인공이어야 하는 부부의 존재감은 오히려 축소됩니다. 결혼 문화가 많이 달라졌다고 는 해도 여전히 우리 사회에서 결혼은 집안 대 집안의 결합 으로 받아들여지는 측면이 큽니다. 배우자 가족, 특히 여성 이 남성의 집안에 예속되는 느낌이 강합니다. 결혼이라는 스티커가 붙는 순간, 의무와 규제, 그리고 책임감이라는 무 거운 이름이 덧씌워지는 상황이 불편하지 않나요?

반면 동거는 양가의 개입 없이 오로지 본인들에게만 집중 할 수 있다는 점에서 만족감이 높습니다. 안부 전화라고 하 지만 사실은 숙제 전화인 통화를 할 필요도 없고, 무슨 날마 다 방문해야 할 의무도 없습니다. 그저 사랑해서 살아갈 뿐 입니다.

마지막으로 중요한 이야기를 하나 해드리고 싶습니다. 미 혼부부 생활이 꼭 결혼을 전제로 할 필요는 없다는 겁니다. 양가 부모의 개입 없이 둘만의 삶에 집중할 수 있다면 그것 만으로도 충분합니다. 굳이 결혼이라는 제도에 얽매일 필요 가 있을까요. 결혼이라는 제도를 잘 활용해서 살고 싶다면 미혼부부 기간을 결혼으로 옮겨가는 '리허설'쯤으로 여기 면 됩니다. 어느 쪽이든 목적은 같습니다. 불필요한 관계에 신경 쓰거나 휘둘리지 않고 두 사람이 중심이 되어 행복하 게 살아가기 위함입니다.

위험한 결혼의 조건

결혼은 등가교환이다?

제가 운영하는 유튜브 채널 동영상에 달린 댓글 때문에 작은 소란이 생긴 적이 있습니다. 부모에게는 자녀의 결혼을 반대할 권리가 없다는 내용의 동영상을 올렸더니 '결혼은 등가교환'이라는 댓글이 달렸습니다. 댓글에 대댓글, 대대댓글까지 달리며 치열한 논쟁이 벌어졌습니다. 해당 글을 올린 분은 결혼은 '조건 대 조건'의 결합이라고 주장했고, 당연히 부모가 자녀의 결혼에 관여해야 한다는 취지였습니다. 사랑해서 하는 결혼에 등가교환이라는 어려운 말을 썼지만, 결국 자신의 자녀가 현실적인 손해를 보며 결혼하는 걸 용납할 수 없다는 생각 아니었을까 싶습니다.

'등가교환(等價交換).'

요컨대 능력 있는 자신의 아들과 결혼하려면 상대 여자는 그만큼 경제적인 능력이 있거나 그렇지 못하면 고분고분하고 예쁘기라도 해야 한다는 이야기일까요? 이런 생각을 부모들만 가진 것은 아닌 것 같습니다. 여성의 사회적인 지위가 향상되었다고는 하지만, 경제력 있는 남성과 결혼하는 것이 목적인 여성들이 여전히 존재하는 것이 사실입니다. 이와 관련해 흥미로운 연구 결과도 있습니다.

한국보건사회연구원의 '성 역할 가치관과 결혼 및 자녀에 대한 태도' 연구보고서에 따르면, 결혼하기로 마음을 정할 때 남성은 본인의 경제적인 여건을 먼저 고려하는 반면 여성은 상대의 경제적 측면을 더 중요한 판단 기준으로 생각한다고 합니다. 19~49세 성인 남녀 14,149명을 대상으로 한 이 조사(중요도 순서로 점수 환산)에서 남성은 92.4퍼센트, 여성은 94.9퍼센트의 높은 비율로 '부부간의 사랑과 신뢰'가 가족을 형성할 때 가장 중요한 고려사항이라는 데에는 일치했지만, 남성은 '본인의 경제적 여건(84.1%)', '본인의 일과 직장(83.6%)' 등을 결혼의 중요 사안으로 꼽았고, 여성은 '안정된 주거 마련(86.5%)', '배우자의 일과 직장(86.1%)',

'배우자의 경제적 여건(86.1%)'을 꼽았습니다.

　애정을 뒷전으로 밀어 놓고 조건을 우선적으로 고려한 결혼을 비난할 수는 없습니다. 가치관의 차이는 인정해야 하고 선택은 본인의 몫입니다. 조건을 보고 결혼했다는 것을 인정하고 부부 애착 없이도 살아갈 준비가 되어 있다면 충분합니다. 남성의 재력을 보고 결혼했으면 경제적인 안정에 만족을 두면 그만이지, 애정까지 갈구하는 것은 욕심 아닐까요?

　하지만 이런 결혼이 위험할 수 있다는 것은 미리 알아두길 바랍니다. 흔히 말하는 '조건'은 영원한 것이 아닙니다. 인생사가 뜻대로 착착 진행되면 문제 없겠지만, 사업에 실패해 한순간에 모든 경제력을 잃을 수도 있고, 뜻하지 않게 명예가 실추될 수도 있습니다. 결혼의 목적이었던 조건이 깨지면 함께 살 이유도 사라집니다. 그럼에도 결혼을 생각할 때 조건에만 목숨을 걸 수 있을까요?

　애정을 기반으로 결혼했다면 부부가 함께 위기를 이겨낼 수 있습니다. 건강한 부부 애착이 형성된 부부는 서로를 안쓰러워하고 상대에게 먼저 위로를 보냅니다. 이런 마음이 합쳐져서 위기를 이겨낼 힘이 생겨납니다. 집안이 망해도 부부가 힘을 합친다면 무슨 일이든 할 수 있습니다. 실제로 결혼은 계산기를 두드려서 나오는 수치 이상의 퍼포먼스를 내기도 합니다. 도저히 나올 수 없는 계산인데, 마법과 같은 일이 벌어집니다. 그것을 가능케 하는 것은 허울 좋은 조건이 아니라 '애정'입니다. 보험회사에서 보험료를 계산하듯, 눈에 보이는 조건을 x와 y에 대입해 어려운 수학 문제를 풀듯 결혼을 재고 따질 것이 아니라 결혼의 당사자 두 명이 가진 부부 애착의 힘을 믿어야 하는 이유도 여기에 있습니다.

지금도 여전히 많은 여성들이 어린 나이와 외모를 무기로 능력 있는 남자와 애정 없는 결혼을 선택하곤 합니다. 그러나 이런 결혼이 과연 이익일까요? 저는 손해가 더 크다고 생각합니다. '여성은 어린 나이와 외모, 남성은 재력'이라는 이 등가교환에 대해 진지하게 생각해봐야 합니다. 제대로 손익을 따져보고 싶다면 더더욱 말입니다. 세월이 흐를수록 나이와 외모는 늙어갑니다. 아무리 현대 의학의 힘을 빌려도 한계가 있습니다. 젊은 시절의 빛나는 외모로 돌아갈 수는 없습니다. 여성이 늙어가는 사이 남성의 재력은 증가할 가능성이 큽니다. 조건의 균형이 깨지는 겁니다. 재력을 무기로 등가교환을 선택했다면, 배우자의 외도를 결혼 시작부터 인정한 셈입니다. 물론 외도는 이유를 묻고 따질 것 없이 잘못된 행동입니다. 하지만 결혼을 이런 구도로 설계했다면, 책임의 절반은 자신에게 물어야 합니다. 자신의 조건을 외모에만 한정시킨 안타까운 점까지 포함해서 말입니다.

사람의 마음이 그렇습니다. 내가 따지는 만큼 상대도 계산합니다. 서로 손해 보는 선택은 하지 않으려고 합니다. 결혼이 필요해서 조건만 면밀히 들여다보고 정작 사람을 그 뒤에 둔다면, 가장 중요한 핵심인 마음을 보지 못합니다. 그러니 결혼을 선택할 때 무기로 삼는 것이 젊음과 미모, 재력이어서는 안 됩니다. 결혼을 수단으로 인생역전을 할 수 있다는 헛된 욕망을 버려야 합니다. 이런 계산이 결혼생활을 어렵게 만듭니다.

잘못된 조합으로 인해 엉키는 욕망들

'조건'을 생각하면 생각나는 커플이 있습니다. 준석 씨는 명문대 공대를 졸업해 대기업에 입사한 엄친아였고, 아담한 체격에 사랑스러운 표정을 가진 유나 씨는 지방대 출신으로 작은 회사에 다니는 평범한 직장인이었습니다. 결혼 준비 과정에서 생긴 갈등이 깊어지다 못해 골이 깊게 파여 있었습니다.

발단은 자신의 오빠가 밑지는 결혼을 한다고 생각한 예비 시누이의 간섭이었습니다. 당시 이혼 소송을 준비하던 예비 시누이의 눈에는 유능한 오빠가 아깝게 느껴졌나 봅니다.

결혼 준비 기간 내내 사사건건 참견했습니다. 겉으로는 예비 시누이 때문에 갈등을 겪는 것처럼 보였지만, 저에겐 커플 사이에 균열이 생길 수밖에 없는 이유가 선명하게 보였습니다.

유나 씨가 예비 시누이 때문에 속상함과 불만을 얘기할 때마다 준석 씨는 그녀의 마음을 어루만지고 공감해주는 것이 아니라 느닷없이 시간을 갖자며 연락을 끊고 한동안 잠수를 탔습니다. 이런 일이 반복되면 누구라도 불안해질 수밖에 없습니다. 그런데 그가 이런 반응을 보이는 데는 이유가 있었습니다. 자신의 말을 잘 따라주고 부모에게 효도하는 순종적인 여성을 결혼의 상대로 세팅해두었던 겁니다. 예비 신부가 거기에 딱 맞는 여성이라고 생각했는데 자기 생각을 곧이곧대로 말하고 시누이 의견에 반하는 행동을 하니, 참을 수가 없었던 겁니다. 그의 내면에는 자신과 같은 엘리트와 결혼을 하려면 그 정도는 참고 감내해야 한다는 계산이 보였습니다.

상담을 하면 마음속에 자리한 욕망이 투명하게 수면 위로 올라오는 경우가 많습니다. 숨겨진 의도와 욕망이 드러나는 과정이 견디기 어려울 때도 있습니다. 이 커플이 바로 그런 경우입니다. 결혼 후에도 그는 여성 위에 군림하려는 듯 보였습니다. 유나 씨가 과연 이런 남편을 감내할 수 있을까요?

결혼에 어떤 조건도 필요 없다고 말할 수는 없습니다. 그러나 조건이 전부는 아닙니다. 지금 결혼을 생각하고 있는 분들은 두 사람의 관계 속에 조건을 중요하게 생각하면서 그것을 애정으로 포장하거나 상대를 위하는 척 이중 메시지가 있지는 않은지, 나도 상대도 속이고 속고 있는 건 아닌지, 정말 우리는 투명하게 소통하고 있는지 곰곰이 생각해봐야 합니다. 내 인생은 상대가 책임져주는 것이 아니며, 상대가 가진 조건이 책임져주는 것은 더더욱 아닙니다.

결혼은

한 팀이 되는

것

변하는 것이 변하지 않기를 꿈꾸고 있다면

"당신이 아무것도 하지 않아도 나는 당신을 그 자체로 사랑해."

누군가에게 이런 조건 없는 사랑을 받는다면 얼마나 감사하고 행복할까요? 시대가 바뀌고 결혼관이 달라졌지만 '배우자의 조건'은 바로 이런 것이 아닐까요? 세속적인 조건을 덜어내도 서로를 온전하게 사랑할 수 있는 관계, 이것이 바로 부부입니다. 하지만 '아무 조건 없이 당신을 사랑한다'는 말은 하기는 쉬워도 실천하기는 참 어렵습니다. 살다 보면 어느 순간 머릿속으로 계산기를 두드려 손익을 따지게 되는 게 인간입니다. 결혼을 앞두고 가장 불안한 것은 상대방의 마음입니다.

'나를 정말 사랑해서 결혼하는 걸까?'

'내가 지금처럼 젊고 예쁘지 않아도 계속 나를 사랑해줄까?'

'내가 실패해도 나를 지금처럼 존중해줄까?'

온갖 불안이 뭉게뭉게 피어오릅니다. 그런데 상대의 마음에 대한 확신이 없는 상태에서 결혼해도 될까요? 이처럼 위험한 일이 없는데도 말입니다. 너무나 당연한 얘기지만, 결혼의 가장 밑바탕이 되어야 하는 조건이 있다면, 그것은 사랑입니다. 사고팔아 이익을 남기는 자본주의의 논리가 결혼에 침투하면 서로의 욕망이 충돌하는 현상이 빚어질 뿐입니다. 언젠가 변할 수도 있는 조건에 인생을 걸려고 하나요? 변하는 것이 당연한데 변하지 않을 것이라고 혼자 우기고 있는 건 아닌가요?

힘든 순간은 연대감을 쌓는 시간

5년이 넘는 장기 연애에도 불구하고 상대에 대한 확신이 없어 찾아온 젊은 남성이 있었습니다. 재혁 씨는 사랑이라는 전제를 두고 결혼 후의 행복과 불행을 가늠하느라 심각하게 고민하고 있었습니다. 그는 오랜 취업 준비 기간을 끝내고 국내 굴지의 대기업에 막 입사한 신입사원이었습니다. 고생한 끝에 원하던 직장에 입사해서 오래 사귄 여자친구인 선희 씨와 결혼 이야기가 오가고 있는 상황이었습니다. 그는 많은 말을 했지만 제가 듣기에 요점은 이것이었습니다.

"불행해지고 싶지 않아요."

행복한 생각이 들어야 하는 결혼을 앞두고 불행해지고 싶지 않다니, 이게 무슨 소리일까요? 그가 결혼을 망설이는 이유는 취직 전후로 달라진 여자친구의 태도 때문이었습니다. 취업 준비 기간 동안 공부에만 매달리느라 그녀에게 경제적 지원을 일부 받았다고 합니다. 직장인이었던 그녀가 좀 더 경제적으로 여유가 있었던 겁니다. 물론 그도 틈틈이 아르바이트를 하며 용돈과 데이트 비용을 마련했습니다. 문제는 그를 무시하는 여자친구와 여자친구 어머니의 태도였습니다. 연애 기간 동안 갈등이 생길 때마다 그녀는 그의 자존심을 긁었고, 덩달아 그녀의 어머니까지 은근히 그를 무시하는 태도를 보였습니다. 취업 준비 기간이 길어지면서 여자친구의 무시는 그의 내면에 아픔과 상처로 쌓여갔습니다.

그런데 그가 대기업에 취직하자 여자친구의 태도가 변했

습니다. 시도 때도 없이 자존심을 긁던 그녀가 언제 그랬냐는 듯 그를 세상 귀한 존재로 대하기 시작했습니다. 취준생인데다 가난한 집안의 아들이라고 은근히 무시하던 그녀의 어머니도 이전에는 한 번도 입에 담지 않았던 "우리 사위"라는 단어를 써가며 전혀 다른 사람이 되어 있었습니다.

"정말 혼란스러워요. 정년이 될 때까지 회사에 다닐 자신도 없는데, 혹시 제가 회사를 그만두기라도 하면 두 사람이 어떻게 나올지… 물론 회사에 취직하고 난 뒤에 저의 태도가 바뀐 면도 있을 거예요. 하지만 두 사람을 감당할 자신이 없어요. 취직하기 전에 헤어졌어야 했는데, 저도 여자친구에게 의지하고 싶은 마음이 있었던 것 같습니다. 많이 미안하지만 그렇다고 마음이 빤히 보이는데 결혼하고 싶진 않아요."

그는 여자친구의 기다림과 희생이 고마움으로 받아들여지지 않고 억압과 죄책감으로 다가온다고 고백했습니다. 심지어 전과자가 된 것 같은 기분이 든다고도 했습니다. 조건이 변해도 두 사람의 관계가 유지될 수 있을지, 부채감만으로 결혼을 강행하기엔 미래가 그려지지 않는다고 했습니다.

그의 태도가 달라지자 선희 씨도 상담실에 찾아왔고, 커플상담을 시작했습니다. 그녀는 그동안 자신이 희생했던 일들을 줄줄이 이야기하며 취직 후 돌변한 남자친구의 태도에서 억울함을 느낀다고 호소했습니다.

취직 전후로 확 달라진 자신의 태도 때문에 남자친구가 결혼생활에 대한 자신감을 갖지 못한다는 걸 깨닫지 못하고 있었습니다. 그녀의 입장에서 남자친구의 성공을 기다리는 일이 때로 힘들고 지치기도 했을 겁니다. 본의 아니게 무시하는 말이 튀어나왔을 수도 있습니다. 중요한 것은 다툰 후 서로의 마음을 어루만지는 과정입니다.

"내 말에 상처 받았지? 심한 말 뱉어놓고 나도 정말 속상했어."

"아니야, 충분히 이해해. 내가 취직할 때까지 기다리느라 얼마나 힘들었겠어. 나도 힘든데 너도 답답했을 거야."

둘 사이에 이런 정서적인 대화가 오갔다면 이야기는 달라졌을 겁니다. 그런데 아쉽게도 두 사람은 이런 과정을 충분히 갖지 못했습니다. 살다 보면 뜻하지 않게 좋은 일이 생기기도 하고, 일이 잘 풀리지 않아 힘든 시기를 견뎌야 할 때도 있습니다. 이럴 때야말로 연대감을 쌓을 기회입니다. 성공도 실패도 모두 함께 나누는 한 팀이 되는 것이 바로 결혼입니다.

"기쁠 때나 슬플 때나 서로를 아끼고 사랑하겠습니까?"

성혼선언문의 이 말에 신랑과 신부는 망설임 없이 "예"라고 대답합니다. 이때 가졌던 마음대로만 결혼생활을 한다면 이혼을 운운하는 부부는 많지 않을 겁니다. 결혼을 결정하기에 앞서 이 질문에 대해 진심으로 "예"라고 대답할 자신이 있는지 점검해보는 시간을 가져보길 바랍니다.

결혼은 ······························

····························· 독립 국가를

······················ 만드는 일 ·····················

시월드를 거부하고 싶다면

결혼생활에서 시가를 배제하려는 태도를 보이는 젊은 여성들이 많아진 듯합니다. 이런 생각을 하게 된 것도 이해는 되지만, 시가를 배제하려면 자신도 친정을 배제할 수 있어야 합니다. 정작 자신은 결혼 후에도 친정과 강하게 연결되어 있으면서 남편만 시가에서 분리시키는 건 페어플레이가 아닙니다.

제가 일관되게 강조하는 부부 중심이 되기 위해서는 누구보다 배우자에게 집중하고 에너지를 쏟아야 합니다. 그런데

이 말을 시가(혹은 처가)를 배제하고 무시하라는 뜻으로 받아들여서는 곤란합니다. 사람의 도리나 어른에 대한 예의에 관해 이야기하려는 것이 아닙니다. 시가(혹은 처가)를 철저하게 무시하고 배제하려는 태도가 부부 애착의 고리를 끊어 관계를 악화시키는 원인이 될 수 있다는 사실을 짚어봐야 합니다.

남부럽지 않은 커리어를 가진 30대 초반의 전문직 여성 수현 씨가 남편과 함께 상담실을 찾아왔습니다. 그녀는 시어머니가 자신에게 심한 말을 했다며 시댁과 연을 끊고 싶다고 단호하게 말했습니다.

"시어머니의 표정을 보셨어야 해요. 딱 봐도 저를 싫어하는 게 분명해요. 저를 싫어하는 시댁에 시간을 내고 예의를 차릴 필요가 있을까요?"

아내의 이런 이야기를 한두 번 들은 게 아니었는지 남편 상균 씨의 표정에서는 '할말하않'의 심정이 묻어났습니다.

상균 씨는 아내에게 명절이나 부모님 생신 같은 특별한 날에 부모님을 찾아뵙고 최소한의 도리만이라도 하자고 요구했고, 수현 씨는 그러한 남편의 요구조차 거부하고 있는 상황이었습니다. 그렇다면 수현 씨는 이혼을 원했을까요? 아니요, 늘 배려하고 잘 챙겨주는 자상한 남편과 이혼할 생각은 추호도 없었습니다. 상균 씨도 아내를 사랑하지만, 부모님과 연을 끊어가면서까지 결혼생활을 유지해야 할지 깊은 고민을 하고 있었습니다.

"시부모님을 안 보고 살면 아내분은 편할 겁니다. 그런데 부모님과 인연을 끊고 살아야 하는 남편의 심정은 어떨까요? 자신의 마음은 나 몰라라 하는 아내에게 남편이 지금처럼 능동적인 관심과 사랑을 전할 수 있을까요?"

이 한 마디에 수현 씨는 당황하는 기색이 역력했습니다. 자신의 불편한 마음만 생각했지 남편 마음에 자리한 불편을 보지 못하고 있었으니까요. 그대로 놔두면 남편의 마음에서 사랑이 거둬지는 순간이 올 수 있었기에, 주춤하는 그녀에게 다시 질문을 던졌습니다.

"시부모님의 인격 수준이 떨어지고 무식하다고 하셨잖아요?"

"……."

"그런데 그런 형편없는 분들에게 인정받고 예쁨을 받는 게 그렇게 중요할까요?"

그녀는 쉽게 대답하지 못했지만, 이 말에 담긴 뜻을 잘 알고 있었습니다. 시부모님 때문에 남편과의 관계까지 망치는 어리석은 행동을 할 필요가 있을까요. 시부모님이 어떤 사고방식을 갖고 있는지가 부부 관계와 대체 무슨 상관이 있나요? 아내는 남편의 마음만 들여다보면 됩니다. 이 경우 저는 시가와의 관계를 부부 관계에 활용하라고 말합니다. 자신의 부모님 때문에 곤란을 겪는 아내를 안쓰럽게 여기는 남편의 마음만 아내 것으로 만들면 됩니다. 여기서도 정말 중요한 핵심은 부부 중심입니다. 그렇게 되면 부부가 연합하는 일이 너무 쉬워집니다. 사실 시부모님이 어떤 생각을 갖고 있는지는 그다지 중요하지 않습니다. 내 남편, 내 아내가 어떤 생각을 하고 있는지가 훨씬 더 중요합니다. 반복해서 강조하지만 어떤 경우에도 부부 중심이 가장 중요합니다.

사랑도 공정하고 공평해야 한다

당당하게 요구하고 솔직하게 자신의 불만을 이야기할 줄 아는 사람들을 보면 새삼 부럽기도 합니다. 그런데 한편으로는 시가에서 자신을 반기지 않는 상황을 내심 반기며, 때는 이때다 싶게 시가와 인연을 끊고 살겠다는 이들을 볼 때마다 마음이 복잡해집니다.

30~40년 전에는 여성이 결혼하면 처가 식구를 멀리 하고 시가만 보면서 살아야 된다고 생각하는 남성들이 많았습니다. 친정을 방문하는 것도 시어머니의 허락을 받아야 한다고 생각했던 시절이었습니다. '시집을 간다'는 말처럼 여성

이 남성의 집으로 들어가서 사는 형태였습니다.

이제는 이런 방식은 잘못되었으며, 여성에게 커다란 상처가 된다는 사실을 잘 알고 있습니다. 그렇다고 같은 부당함을 남편과 시가에 고스란히 되돌려주는 것이 옳은 걸까요? 여성이 당했던 만큼 남성도 똑같이 당해야 한다는 태도보다 우리가 이런 부당함을 당해봤더니 좋지 않더라, 그러니 남녀를 떠나서 존중하는 태도를 갖기 위해 함께 노력하자는 방향으로 나아가야 하지 않을까요? 시가를 철저하게 배제하고 무시하려는 태도가 가부장적인 남성들의 잘못된 결혼관과 무엇이 다른지 궁금합니다. 남편은 시가의 대표자가 아닙니다. 일시적이면 몰라도 궁극적으로는 시가와 인연을 끊고 사는 것이 좋은 해법이 될 수는 없습니다.

남편을 우선순위에 두고 시가에 들이는 에너지를 조금 낮추고 부부 중심으로 산다면 대부분의 문제는 해결할 수 있습니다. 회사에서 중요한 프로젝트를 앞두고 일이 바빠 시가 행사에 참석하지 못한다면, 진심을 담아 시부모님께 연락을 드리면 됩니다. 그럼에도 불구하고 불만을 드러내는 시어머니라면 어쩔 수 없습니다. 며느리로서 해야 될 도리를 예의 있게 하고 그 이후에 일어나는 시어머니의 개인적인 불만은 며느리가 책임져야 할 일이 아닙니다.

이 시대에는 시부모님 부부도 그들 부부 중심으로 돌아

가야 합니다. 간혹 며느리 때문에 일이 생겨도 시부모님 부부끼리 해결할 수 있어야 합니다. 며느리가 자발적으로 용서를 비는 것과는 별개로 며느리를 불러 마음 상한 어머니를 달래고 용서를 빌라고 강요하는 시아버지가 있다면 크게 반응하지 않아도 됩니다. 시아버지인 당신이 아내인 시어머니에게서 일어난 감정을 배우자로서 돌보면 되는 것이지 그 짐을 자녀 부부에게 떠넘겨서는 안 됩니다. 무엇보다 남편은 아내의 마음을 중심에 둬야 합니다. 내 아내, 내 여자의 심정에 자신의 마음을 써야 합니다. 그래서 시어머니의 상한 마음은 시아버지가 달래야 하는 것입니다. 시부모님의 문제는 시부모님이 책임져야지, 자녀 부부에게 책임을 돌려서는 안 됩니다.

이런 것이 결혼에서의 공정함이라고 생각합니다. 아들의 회사 일이 중요하듯이 며느리의 회사 업무도 중요합니다. 프로젝트 때문에 시가 행사에 참여하지 못하는 며느리에게 불만을 갖고 존중하지 않는 시어머니의 태도와 감정은 시어머니 스스로 끌어올린 겁니다. 그것은 시어머니의 몫이고, 부부는 이 문제를 어떻게 볼 것인지가 중요합니다. 이럴 때 흔히 '남편이 흔들리는 문제'와 '시가와 관계를 끊는 것'이 맞서게 됩니다. 문제를 지혜롭게 풀어내는 방법을 찾기보다 관계를 끊고, 안 보고, 차단하겠다는 태도는 미성숙한 방법입니다. 갈등을 마주하고 문제를 해결하려는 태도를 길러야 합니다.

'공평'과 '공정'은 결혼에 중요한 이슈입니다. 사회생활에서는 공평과 공정을 강조하면서 결혼생활에서는 다른 잣대를 들이대는 것이 과연 옳은 일일까요? 결혼생활도 공평하고 공정해야 합니다. 나는 변하지 않을 테니, 너만 바꾸라는 태도는 공평, 공정과는 거리가 멀어도 한참 먼 일입니다. 결혼은 각자의 부모로부터 독립해서 새로운 나라를 세우는 것과 같습니다. 상대가 가족으로부터 독립적이길 바란다면, 나 또한 독립적이어야 합니다.

반대하는 결혼,

꼭 해야 하는

이유

자녀의 결혼을 반대하는 부모에게

부모의 반대로 결혼이 망설여진다는 커플을 볼 때면 마음이 아픕니다. 사랑하는 남녀가 본인들의 의사와 상관없이 강제로 헤어져야 하는 일보다 안타까운 일이 또 있을까요. 부모가 나의 결혼을 반대한다는 것은 성인이 된 나의 선택을 존중받지 못하고, 부모가 나를 신뢰하지 않는다는 뜻입니다. 어떤 이유로도 부모가 자식의 결혼을 반대할 권리는 없습니다. 자식을 위해 희생했다는 것도, 상대방 집안이 마음에 들지 않는다는 것도 반대의 이유가 될 수 없습니다.

'자식을 위해서'라는 이름으로 행해지는 것들의 이면에는 부모 자신의 이루지 못한 욕망이나 개인 역동, 이해득실이 자리하고 있을 가능성이 높습니다. (여기서 역동이란 개인이 살아온 경험의 역사로, 사고·감정·인품 등이 형성된 심리적 내용을 말합니다.)

부모는 자녀의 선택을 존중할 자격밖에 갖고 있지 않습니다. 자녀의 결혼에 대해 평가하는 것은 부모 스스로 내 자식을 부족한 존재로 여긴다는 뜻입니다. 결혼의 당사자는 신랑과 신부, 단 두 명입니다. 부모도 형제자매도 여기에 낄 자리는 없습니다. 그러니 부모나 가족의 반대란 애초에 성립되지 않습니다. 자녀가 결혼한다고 하면 부모는 "축하한다"고 말해주면 그만입니다.

부모가 자녀의 결혼에 개입하겠다는 것은 그 결혼의 결과까지도 책임지겠다는 것이고, 부모를 포함한 결혼생활을 해야 한다는 의미를 담고 있다는 점에서 매우 위험합니다. 특히 우리나라의 부모들은 내 자녀가 혹시나 잘못될까 봐라는 전제로 자녀의 배우자까지도 자신이 정하고 책임져야 한다는 권위적인 사고를 갖고 있습니다. 부모와 자녀 사이가 분화되지 않은 것입니다. 그러니 어떤 집안의 자제이고, 어떻게 자랐는지, 내 자녀에게 어떨지 등등을 들여다보지 않으면 마음이 불안해지는 것입니다.

자녀의 결혼에 부모가 깊이 개입하는 것은 우리나라 특유의 문화이기도 한데, 사람들은 이것을 우리나라의 전통적인 결혼 문화인 것처럼 포장합니다. 동서양의 가치관 차이를 이야기하려는 것이 아닙니다. 그냥 사람의 보편적인 이야기를 하는 것입니다. 결혼은 두 사람의 마음이 만나서 이뤄지는 일이라는 것을 강조하고 싶습니다. 그러니 결혼과 관련해서는 무엇보다 개인의 의사가 우선적으로 존중되어야 합니다.

반대하는 결혼은 누군가에게 꼭 이득

이런 저의 생각과는 무관하게 21세기인 지금도 많은 커플이 저를 찾아와 부모의 반대에 눈물짓습니다. 그렇다면 반대하는 결혼을 꼭 해야 할까요, 말아야 할까요? 반대하는 결혼을 하면 결혼생활이 불행해지지는 않을지 당연히 겁이 날 것입니다. 한편에서는 부모가 경제적인 지원과 재산을 물려주지 않을까 봐 걱정하기도 합니다.

우선은 자녀의 결혼을 반대하는 정도의 가치관과 인성을 가진 부모가 재산을 사회에 환원하는 일 같은 것은 거의 일어나지 않을 확률이 높습니다. 결국 여러분의 재산이 될 확

률이 높으니 그냥 두면 됩니다. 그리고 부모님의 경제력과
는 별개로 둘이 살아나가려는 모습일 갖추는 것이 우리의
몫입니다.

그래도 부모님께 인정받고 허락받고 싶어하는 커플들을
보면 정말 눈물겹습니다. 극단의 갈등 속에서 고통스러워하
는 모습을 보면 가슴이 무너집니다. 그럼에도 삶의 결정권
을 여러분이 쥐고 행복하게 살아가는 모습을 보여준다면 결
국 부모님은 여러분의 결정을 인정하게 될 겁니다. 오히려
당신들이 부부 중심으로 못 살았던 지난날을 후회하며 여러
분을 부러워하게 될 것입니다. 때로 당신들도 미처 깨닫지
못했던 열등감과 불안 등의 원인이 당신들에게 있었음을 깨
닫게 될 것입니다.

결론부터 말하자면, 저는 여러분에게 부모가 반대하는 결
혼은 '꼭' 하라고 말하고 싶습니다. 특히 상대방의 부모가
반대하는 결혼은 이를 악물고라도 꼭 하시길 바랍니다. 왜
일까요? 결혼을 반대하고 난리를 치는 그 모습은 혹여라도
당신 자식과 집안이 손해를 볼까 봐 불안에 떠는 모양새이
기 때문에, 상대방의 부모님이 나를 반대한다고 속상해하지
말고 상대방을 믿고 우리 길을 가면, 여러분에게 이득이 될
게 분명하기 때문입니다.

물론 당연히 전제조건이 있습니다. 서로를 사랑하고 평생

한 팀이 되어 부부 중심으로 살 수 있는 배우자라는 확신만 있다면 반대하는 결혼은 분명 여러분에게 이득이 될 것이고, 그 이득을 결혼생활의 행복으로 풀어나갈 수 있습니다.

어떻게 이득이 될까요? 부부 중심으로 살 수 있는 배우자라면 자신의 부모 때문에 배우자가 힘들어하지 않도록 배우자를 더 아끼고 보호하며 사랑할 수밖에 없습니다. 부모의 반대는 오히려 부부를 더욱 끈끈하게 결합시키는 요인으로 작용할 수 있습니다. 또 그렇게 되어야만 합니다. 이미 많은 커플상담에서 그렇게 하고 있습니다. 상대의 부모가 반대한다면 부모를 설득하려고 애쓰기보다는 먼저 자신에게 미안해하는 배우자의 마음만 내 것으로 만들면 됩니다. 그러면서 부모님에게 충분히 생각할 시간을 드리면 됩니다.

또 한 가지 당부할 것은 부모님의 반대를 진지하게 받아들이지 말라는 것입니다. 한 귀로 듣고 한 귀로 흘려도 됩니다. 너스레를 떨면서 대충 웃어넘겨도 좋습니다. 부모님의 주장보다는 결혼 당사자들의 주장과 생각이 최우선되어야 합니다. 부모님의 걱정과 불안은 부모님에게 맡겨도 됩니다. 당신들이 알아서 결과를 수용해야 함을 부모님께 전해 드려야 합니다.

오랜 세월 함께하며 쌓아온 신뢰를 바탕으로 부모님 두 분이 함께 극복할 수 있도록 시간을 드리길 바랍니다. 혹시

나 두 분 사이에 쌓인 신뢰가 없어 소화하지 못한다고 해도 그것은 자녀들이 해결할 수 있는 영역이 절대 아닙니다. 어쩌면 그때부터 부모님도 자신들이 그동안 '부부 중심'이 아닌 '자녀 중심'으로 살아왔다는 것을 깨닫고 새로운 전환점을 맞게 될지도 모릅니다. 이것은 부모에게 엄청나게 큰 통찰의 기회를 주는 것이며, 제대로 된 효도를 하는 것입니다.

사실 반대하는 결혼을 했든, 축복받는 결혼을 했든 그것은 시작점일 뿐입니다. 궁합까지 좋아 양가의 축복을 받으며 결혼한 부부도 이혼하는 마당에, 부모가 반대하는 결혼을 했다고 꼭 이혼하는 것도 아닙니다. 어떠한 경우에도 결혼의 주인공은 당사자 두 명입니다. 그 권리를 건강하고 소중하게 누려야 합니다.

이런 나, 결혼해도 괜찮을까?

좋은 배우자를 만나는 것만이 능사는 아니다

부부, 연인, 친구 등 우리는 수많은 '관계' 속에서 살아갑니다. 사람은 관계를 통해 비로소 존재감을 증명받고 살아갈 이유를 찾습니다. 그렇기에 우리가 살아가면서 고민하고 실망하는 대부분의 일은 관계에서 발생합니다. 관계가 생각처럼 잘 풀리지 않을 때, 어쩐지 상대로부터 인정받지 못하는 것 같을 때, 관계가 무너질 때 우리는 살아가는 것이 힘들고 삶이 의미 없어지며 때로 삶을 포기하고 싶어집니다.

삶의 수많은 관계 속에서 결혼은 가장 중요한 것이자 가장 의미 있는 관계입니다. 부부 관계를 잘 형성하기 위한 첫 단추는 무엇일까요? 좋은 배우자를 찾는 일일까요? 아닙니다. '나는 누구인가?'라는 자신의 정체성을 탐색하는 일이 먼저입니다. 이것이 결혼생활의 주된 양상을 결정하기 때문입니다. 실제로 부부상담을 하다 보면 놀라울 정도로 배우자에게는 문제가 없습니다. 오히려 배우자를 통해 자신의 문제가 수면 위로 떠오르는 경우가 많습니다.

"남편의 문제인 줄 알았는데 내 감정의 문제였구나!"

"그래서 아내가 나에게 그런 표현을 계속 했었구나!"

"내가 불안해서 그렇게 조바심이 났던 거였어!"

이렇게 본인에게 문제가 있거나 배우자가 지속적으로 문제행동을 하도록 스스로가 조력자가 되어왔다는 사실을 깨닫습니다. 결혼생활에서 발생하는 갈등 대부분은 '나 자신에 대한 이해의 부족'에서 비롯됩니다. 부족한 상대방 때문에 부부 관계가 뒤죽박죽되었다는 생각에서 빠져나와야 합니다. 그리고 자신을 돌아봐야 합니다. 결혼은 배우자가 아닌 '나를 감당하는 일'이기 때문입니다.

결혼 전에 다이어트를 하고 피부 관리를 하느라 땀을 뺄 것이 아니라 자신을 성찰하고 이해하는 일에 집중해야 합니다. 내가 어떤 말에 발끈하고, 어떤 것을 견디지 못하며, 어떤 부분에서 불안을 느끼며 이해받고 싶어 하는지 세밀하게 들여다봐야 합니다. 누군가와 좋은 관계를 맺고 싶다면 '나는 누구인가'를 먼저 잘 알아야 합니다. 그것이 관계의 핵심을 결정하기 때문입니다.

결혼은 배우자가 아닌 나를 감당하는 일이다

심리학에서 중요한 개념 중 하나로 '정신 역동'이라는 것이 있습니다. 사람이 살아가면서 하는 모든 생각과 행동은 과거의 경험과 무의식의 영향을 받는다는 개념으로, 개인의 성격과도 연관됩니다. 한 개인이 가진 신념과 가치관, 습관, 언행, 그리고 문제적 행동은 대개 성장 과정에서 영향을 받고 형성됩니다. 우리는 자라면서 부모, 조부모 등의 어른들로부터 각자가 어떤 태도로 자신의 역할을 담당하는지를 지켜보며 성장했고, 은연중에 그 원형을 자신의 결혼생활에 품고 올 수밖에 없습니다. 가부장적인 아버지가 어머니를 대하는 모습을 보고 자라면서 무의식중에 가부장적인 사고방식을 갖게 되는 경우가 많고, 가족 안에서 존재감을 느끼지 못하고 외롭게 자란 경우 엉뚱한 곳에서 존재감을 확인하고 인정받으려고 안간힘을 쓰면서 관계를 어렵게 만들기도 합니다.

이런 문제적 행동은 결혼생활에 크든 작든 영향을 미칩니다. 그래서 '우리'가 되어 하모니를 이루기 전에 의식적으로 '나'라는 악기를 먼저 조율해야 합니다.

"여러분에게 생애 첫 기억은 무엇인가요?"

대학원에서 심리학 강의를 들을 때 첫 수업에서 교수님이 던진 질문입니다. 여러분은 어떤가요? 저의 첫 기억에는 동그란 꽃밭이 있는 마당에서 엄마와 함께 숨바꼭질하며 뛰어놀던 장면이 새겨져 있습니다.

이 질문이 중요한 이유는 답변 안에 생애 총체적인 경험과 현재 삶을 살아가는 태도·의지가 담겨 있기 때문입니다. 심리학에서는 이를 역동(dynamics)이라고 합니다. 기억은 일종의 편집입니다. 정확한 사실보다 개인의 주관적인 해석이 내면에 상(像)으로 남아 있는 것입니다. 첫 기억에 부모나 형제, 자매 등 친밀한 사람이 등장했다면 그나마 잘 성장했을 가능성이 큽니다. 반대로 이불 속에서 혼자 떨고 있거나 마당에서 혼자 엄마를 기다리던 장면이 떠올랐다면 외롭고 암울한 유년기를 보냈을 것으로 추측해볼 수 있고, 현재의 정서적인 상황도 이와 비슷할 확률이 높습니다.

어린 시절의 역동으로부터 자유로워지기

심리학자이자 의사였던 프로이트는 만 6세까지의 경험이 이후의 전 생애를 좌우한다는 결정론적인 이론을 주장했습니다. 어린 시절의 경험이 고스란히 사람의 내면에 내재화된다는 이야기입니다. 후대의 수많은 학자가 그의 이론을 뒤집기 위해 애를 썼지만, 결국 프로이트의 결정론을 완전히 뒤집기는 어려웠습니다.

프로이트의 관점으로 보면, 어린 시절에 경험한 일이나 그 과정에서 형성된 정서·감정은 결혼생활에 많은 부분 투영됩니다. 결혼이라는 관계를 맺기 전에 자신을 통찰해야 하는 이유가 바로 여기에 있습니다. 자기 내면의 안경을 투명하게 잘 닦아야 세상과 현실, 그리고 상대를 제대로 바라볼 수 있습니다. 안경에 오물과 먼지가 잔뜩 끼어 있으면 오류를 가진 필터를 통해 상대를 볼 수밖에 없습니다. 그래서 부부상담 과정에서 진행하는 개인상담은 무척 중요합니다. 자신을 통찰하고 나면 배우자를 바라보는 시각이 바뀌고, 배우자의 말이 달리 들리게 됩니다. 그로 인해 편안하게 부부 관계 문제의 핵심에 접근할 수 있습니다.

어린 시절이 불우했다고 해서 실망할 필요는 없습니다. 성인이 된 스무 살 이후의 삶은 전적으로 자신의 선택과 결정으로 이루어진 것이므로 본인이 책임져야 하지만, 스무 살 이전에 경험하고 겪었던 일들은 본인의 책임이 아닙니다. 우리는 부모를 선택해서 태어날 수 없었으니까요.

다만 자신의 어린 시절을 보듬고 위로하고 쓰다듬어주는 것은 앞으로 살아갈 날을 위해 중요한 일입니다. 우리의 마음속에는 어린 아이가 살고 있습니다. 이것을 '내면 아이'라고 부릅니다. 부모의 사랑을 충분히 받지 못해 애정 결핍인 내면 아이도 있을 것이고, 가정불화나 경제적인 어려움, 친구들로부터의 따돌림으로 인해 상처받은 내면 아이도 있을 것입니다.

"난 괜찮아, 다 극복했어!"

이렇게 말하는 사람일수록 오히려 내면 아이가 아플 확률이 높습니다. 자신의 내면 아이를 마주하는 일 자체가 고통스러워 자신을 억압하기도 합니다. 나를 인정하지 않는 부모 밑에서 자랐다는 사실을 인정하기는 쉽지 않습니다. 이 경우 전문적인 개인상담을 받아서라도 아픈 내면 아이를 만나야 합니다. 성인이 된 내가 수시로 그 시절의 상처받고 외로운 나를 만나 위로하고 사랑과 용기를 아낌없이 주어야 합니다.

거듭 강조하지만, 관계를 맺기에 앞서 자신을 제대로 통찰하는 것이 우선입니다. 나는 어떤 사람이고, 나의 내면에는 어떤 문제가 있으며, 그 문제로 인해 어떤 이성에게 반복적으로 끌리는지를 들여다봐야 합니다. 이런 통찰을 거듭하고 어린 시절의 역동으로부터 자유로워지면 그동안 자신을 자꾸 함정에 빠뜨렸던 끌림의 형태를 피할 수 있습니다. 자신이 누구인지 깨달아 나다움을 찾고, 스스로가 편안해져야 주위 사람들의 편안한 삶도 기뻐하며 존중하게 됩니다. 그래야만 안정된 관계 속으로 제대로 들어갈 수 있습니다.

부부가 피로 이어진 혈맹 관계인가요?

완전한 타인끼리 만나 사회적으로 맺은 관계입니다.

더군다나 남자와 여자로 만난 남녀 관계이며 이성 관계입니다.

혈육이 아니니 또 다른 피보다 더한 정서를 나누며

마음을 표현하고 관리해야 합니다.

그렇지 않으면 낡은 옷을 간당간당하게 잇고 있던 실밥이

손끝 한 번에 우두둑 끊어질 수 있습니다.

[2부]

하지 마, 결혼!

결혼 문제의

핵심은

관계에서 비롯된다

좋은 부부 관계를 맺고 싶다면

인간은 뼛속까지 사회적 동물로, 태어나면서부터 관계를 맺으며 일평생 살아갑니다. 자신의 의지와 상관없이 부모, 형제자매와 가족이라는 관계를 맺고 성장할수록 관계망도 넓어집니다. 친구, 선후배, 동료, 사제, 연인 등 관계를 맺는 대상과 범위가 확장됩니다. 자신의 존재와 정체성을 사회적 관계 속에서 인식하기에, 누구와 어떤 관계를 맺고 살아가는지에 따라 삶의 질도 달라집니다. 사업이나 투자에 실패해서 궁지에 몰린 사람들이 때로 극단적인 선택을 하는 이유가 무엇일까요? 날려버린 돈 때문일까요? 빚에 대한 압박 때문일까요? 표면적으로는 그럴 수도 있지만 그것은 진짜 이유가 아닙니다. 자신의 실패로 인해 주변과의 관계가 파괴되는 것이 두렵기 때문입니다.

수많은 관계 중 가장 중요한 하나를 꼽으라면, 저는 단연코 결혼 관계를 꼽습니다. 배우자와의 관계 속에서 '나는 어떤 사람인지', '나는 어떤 존재이며 어떤 의미인지', '나의 역할은 무엇인지'를 인식하며 인생의 새로운 장을 열어가기 때문입니다. 그렇기에 행복한 결혼생활을 하려면 반드시 배우자와의 관계를 소중히 해야 합니다.

결혼에서 관계라는 정체성은 무엇이며 어떤 의미가 있을까요? 혈연으로 맺어진 가족 관계와 결혼이라는 제도로 묶인 부부 관계는 엄연히 다릅니다. 혈연 관계는 굳이 애쓰거나 일부러 표현하지 않아도 끈끈한 관계가 자연스럽게 형성됩니다. 아버지가 자식을 엄하게 대해도 자녀는 아버지가 자신을 사랑하고 있음을 어느 정도 느낍니다. 어머니에게 한두 번 혼났다고 어머니를 평생 미워하지도 않습니다. 엄마와 아기의 관계를 생각해보면 혈연 관계에 대해 좀 더 구체적으로 이해할 수 있습니다. 출산한 여성은 '엄마'라는 정체성을 저절로 부여받습니다. 의식하지 않아도 온 신경이 아기에게 쏠리고, 어떻게 하면 아기를 잘 키울지 고민하고 애씁니다. 사랑한다고 매일 말하지 않아도 아기는 엄마의 눈빛과 말투, 행동에서 암묵적으로 사랑을 전달받고 안정적으로 애착이 형성됩니다.

이처럼 중요한 대상과 맺는 정서적 관계를 '애착'이라고 합니다. 부부 관계도 엄마와 아기 관계처럼 자연스럽게 애착이 형성되면 좋겠지만 현실은 그렇지 않습니다. 부부가 애착을 형성하기 위해서는 두 사람이 관계라는 정체성을 수시로 살펴보아야 합니다. 저절로 주어지는 것이 아니라 돌보고 보듬으며 성장시켜야 합니다. 관계에 대한 인식은 결혼생활을 대하는 태도를 결정하는 중요한 요인입니다. '내가 당신에게 관심을 갖고 있다'는 것을 알리고 존중하며 사랑한다는 것을 표현하고 실천해야 하는 '명시적'인 관계이기 때문입니다. 직접 말하지 않아도 느껴지는 혈연 관계와는 달리 분명하게 능동적으로 표현해야 합니다.

"가족끼리 그러는 거 아니야!"

애정 표현 자체를 우스갯소리로 치부하는 이런 말들은 부부 관계를 혈연 관계로 만들어버립니다. 그런데 부부가 피로 이어진 혈맹 관계인가요? 완전한 타인끼리 만나 사회적으로 맺은 관계입니다. 더군다나 남자와 여자로 만난 남녀 관계이며 이성 관계입니다. 혈육이 아니니 또 다른 피보다 더한 정서를 나누며 마음을 표현하고 관리해야 합니다. 그렇지 않으면 낡은 옷을 간당간당하게 잇고 있던 실밥이 손 끝 한 번에 우두둑 끊어지듯 한순간에 쉽게 끊어질 수 있습니다.

혈연 관계가 되는 순간 부부의 정체성은 흔들린다

안타깝게도 많은 부부가 혈육처럼 살아갑니다. 배우자를 '잡아놓은 물고기' 취급하며 관계를 위해 애쓰지 않는 부부도 허다합니다. 부부상담에 오는 분들 대부분이 이런 관계에 문제가 생긴 경우입니다. 연애할 때는 애정 표현을 곧잘 했는데 결혼하면서부터 안 하기 시작하더니 몇 년 지나자 데면데면한 자세로 일관하는 배우자 때문에 끙끙 앓기도 합니다. 겉으로는 부부 관계를 잘 유지하는 듯 보이지만 마음속 깊은 곳에서 솟아나는 공허한 마음을 감출 수가 없습니다.

부부가 서로에 대한 관심을 표현하지 않고 살면 어떤 일이 생길까요? 부부 중심으로 생활하기 어려울뿐더러 안정적인 부부 애착도 형성되지 않습니다. 이런 날들이 계속되면 무관심이 일상이 되고 상대에게 에너지를 쓰는 일에도 인색해집니다. 배우자가 요즘 무엇을 하는지, 무엇을 고민하는지, 무엇을 원하는지 알려는 시도조차 하지 않습니다.

한 마디로 배우자에게 별로 궁금한 게 없습니다. 나와 상대의 정체성만 별개로 존재할 뿐 관계의 정체성이 희미해진 상태로 살아갑니다. 사막처럼 건조한 관계에서 과연 행복한 결혼생활이 꽃필 수 있을까요? 이런 부부에게 애착이 형성되기를 바라는 일은 사막이 바다가 되기를 기대하는 것과 같습니다. 시간이 지날수록 부부 관계는 위험하고 아슬아슬해집니다.

부모님 세대는 가족이라는 개념에 묶여 부부 관계를 희생하며 참고 사는 경우가 많았습니다. 남편은 경제 문제를 책임지고, 아내는 육아와 살림을 맡는 기능적 관계를 중심으로 살아왔습니다. 그러나 결혼생활은 기능적 역할을 다하는 것만으로 유지되기 어렵습니다. 이 시대에는 '정서적 교감'이 반드시 필요합니다. 다행스럽게도 지금 젊은 세대는 부부 사이의 정서적 교감을 중요하게 여깁니다. 배우자를 고를 때도 둘이 함께 시간을 보내고 삶의 의미와 가치를 공유할 수 있는 사람을 찾습니다. 사랑 없이 조건만 보고 결혼해도 된다고 생각하는 사람은 거의 없습니다. 결혼의 패러다임이 합리적 역할 분담에서 감정적 차원으로 바뀌고 있으니 두 팔 번쩍 들어 박수치고 환영할 일입니다.

사랑하고 사랑받고자 하는 마음은 인간의 본성입니다. 결혼은 인간 본성의 욕구를 충족시키기에 더할 나위 없이 훌

룡한 수단입니다. 힘들고 고단한 세상살이에 나를 지지하고 응원하는 단 한 사람, 배우자가 있다는 믿음이 살아갈 용기를 주고 나의 자존감을 빛내며 지켜줍니다. 어떤 관계에서도 맛볼 수 없는 보람을 느끼며 아름다운 추억을 만들어갑니다. 어렸을 때는 부모가 그 역할을 했다면, 성인이 되어서는 배우자가 그 역할을 해야 합니다. 부부가 마음을 모아 애착 관계를 잘 형성하면 세상 어떤 난관도 헤쳐나갈 수 있습니다.

정서적으로

교류하지 않는

부부

부부 사이에 이심전심은 통하지 않는다

부부는 혈육 관계가 아닙니다. 말하지 않아도 안다는 이심전심은 통하지 않을 때가 더 많습니다.

"그걸 굳이 말로 해야 아나요?"

이렇게 묻는다면 단호히 대답해드립니다.

"네. 말로 하지 않으면 귀신도 모릅니다."

말로 하지 않으면 모르기에 함부로 상대의 마음을 짚는 것은 금물입니다. 배우자의 마음을 헤아리는 것과 단정 짓는 것은 전혀 다른 문제입니다. 특히 감정을 어떻게 느끼느냐는 상대의 말을 듣기 전에는 모릅니다. 상대가 어떻게 느끼는지 귀를 기울이는 동시에 자신의 감정도 건강하게 표현해야 합니다. 감정의 소통이 중요한 이유는, 감정은 표현을 통해서 전달되고 감정 교류가 원활해야 애착이 형성되기 때문입니다.

그런데 참 안타깝게도 배우자의 감정과 정서에 관심이 없는 사람들이 너무나 많습니다. 배우자를 궁금해하지 않는 이유에 대해서도 당당합니다.

"가족이라서 그렇습니다."

관심을 갖지 않는 게 자연스러운 현상이라며 대수롭지 않게 생각합니다. 심지어 큰소리로 이렇게 말하기도 합니다.

"다들 그렇게 살지 않나요?"

내 결혼생활인데 남의 결혼생활을 빌려오는 것 자체가 너무 빈약한 논리 아닐까요?

이런 분들은 배우자의 감정 상태에도 취약한 모습을 보입니다. 상대가 기분이 나쁘면 갈등을 피하려고 눈치만 볼 뿐 어떤 마음인지 물어보지도 않고 발등에 떨어질지 모를 불을 피하기에 급급합니다. 그런데 이런 분들은 상대가 기분이 좋아서 활짝 웃으면 오히려 더 가까이 다가갑니다. 기분이 나빠 보이면 피하고, 기분이 좋아 보이면 다가가는 게 당연한 거 아니냐고요? 글쎄요, 전 당연하게 생각하지 않습니다.

이런 태도의 바탕에는 배우자의 즐거움이 자신의 영향이었으면 좋겠다는 생각이 깔려 있습니다. 정작 배우자가 힘들 때는 피하기만 하는데 말입니다. 다시 말하면 나를 위한 배우자를 놓고 있는 겁니다.

아내의 정서가 궁금하지 않은 남편

정서적인 교류가 부족하면 부부 사이는 메말라가고, 서로의 감정과 정서를 모르기 때문에 크고 작은 오해들이 생깁니다.

직장에서 받은 오해로 힘든 나날을 보내던 현성 씨는 자신의 마음을 알아주지 않는 아내 때문에 상처를 받았다고 했습니다. 이야기를 들어보니 부부 사이에 정서적 교류가 부족해보였습니다. 아내와 함께 이야기를 나누는 게 필요할 듯해 상담을 권했고, 아내도 답답한 마음이었는지 한걸음에 달려왔습니다.

아내 지은 씨는 우연한 기회에 남편의 외도 사실을 알게 되었다고 했습니다. 남편을 추궁해 외도 사실을 밝혀냈는데 그 과정에서 뜻밖의 오해를 불러올 사건과 맞닥뜨렸습니다. 책에 자세한 내용을 다 쓸 순 없지만 두 사람은 감정의 골이 깊어진 상태였습니다. 현성 씨는 직장에서 겪은 일로 몹시 억울해하며 자신을 믿어주지 않는 아내를 원망했고, 지은 씨는 남편이 결혼생활 내내 크고 작은 거짓말을 한 데다 외도까지 했으니 어떻게 남편을 믿겠냐며 맞섰습니다.

"기본적으로 당신에게 신뢰가 없어. 뭘 근거로 당신을 믿겠어?"

외도로 시작된 부부 갈등의 본 게임이 시작되었습니다. 그동안 지은 씨 내면에 자리하고 있던 문제가 수면 위로 드러난 겁니다. 현성 씨는 덮어놓고 자신을 믿어달라고 주장했지만, 남편의 애정을 충분히 받지 못했던 지은 씨는 이때 다 싶었는지 불평불만이 폭발했습니다. 두 사람이 싸우는 장면을 보면서 그동안 얼마나 속앓이를 해왔을지 알 수 있었습니다.

"두 분은 언제부터 안 친했어요?"

정곡을 찌른 질문이었는지 서로 언성을 높이던 부부가 순간 조용해졌습니다. 먼저 침묵을 깬 사람은 현성 씨였습니다.

"신혼여행 때부터 싸운 것 같아요."

결혼생활을 시작하자마자 싸우기 시작했다니 감정의 골이 깊어질 만도 했습니다. 그때그때 마음을 풀어낼 기회도 갖지 않고 부정적인 감정들이 계속 쌓이다 보니 갈등이 커질 수밖에 없었던 겁니다. 현성 씨는 아내가 예민하고 불평

불만이 많으며 자신을 귀찮게 한다고 했습니다.

"아내는 작은 일도 크게 만들어요. 없는 갈등도 만들어냅니다. 지금 상황에 그냥 만족하면 되잖아요. 지금 우리에게 큰 문제가 있는 것도 아닌데…."

현성 씨는 되도록 갈등을 만들지 않고 있는 갈등도 없는 듯 덮어두길 바라는 성향이었습니다. 그에 반해 지은 씨는 서로의 감정을 느끼고 작은 일까지 속속들이 나누는 것을 중요하게 여겼습니다. 사소한 것을 대충 넘기기 시작하면 큰일이 있어도 얘기하기 힘들어진다는 우려가 있었습니다. 이렇게 서로 다른 기대를 갖고 있으니 평소 소통하는 일이 얼마나 힘들었을지 짐작이 되었습니다. 서로에 대한 온정과 촉촉함은 눈 씻고 찾아보려고 해도 찾기 어려웠습니다. 얼마나 소통이 메말랐던지, 그 자리에 함께 있는 것만으로도 목이 바짝바짝 마르는 것 같았습니다.

말수가 적은 편인 현성 씨는 소통에 대한 노력마저 하지 않았습니다. 그가 아내에게 보내는 심리적 메시지는 아주 간결했습니다.

"날 내버려둬!"

지은 씨는 당연히 이 메시지를 받아들이려고 하지 않았습니다. 소통을 거부하는 남편의 요구를 이해하기 어려웠고, 이해하고 싶지도 않았습니다. 그러다 보니 점점 더 남편을 통제하고자 했습니다. 어떻게 해서든 소통을 하면서 살고 싶고, 관심과 애정을 받고 싶었으니까요. 한숨이 저절로 나오는 상황에서 일관되게 회피하는 태도를 보이는 현성 씨에게 질문을 하나 던졌습니다.

"아내의 마음이 궁금해질 때는 언제인가요?"

그 순간 현성 씨의 얼굴을 스쳐 지나가던 표정이 지금도 생생하게 기억납니다. 세상에 태어나 이런 질문은 처음 들어본다는 얼굴이었습니다. 시간을 주고 기다려도 선뜻 대답이 나오지 않았습니다. 아내의 마음이 궁금하지 않다니, 저도 충격이었는데 당사자인 지은 씨의 마음은 어땠을까요?

"어떤 마음으로 결혼생활을 유지하고 있어요?"

말이 없던 현성 씨와 달리 지은 씨는 바로 답했습니다.

"남편에 대한 애정이 없어진 지는 오래됐어요. 애정을 구걸하는 것도 지긋지긋해요. 지금은 이혼녀가 되기 싫어서 억지로 참고 살아요."

한탄이 절로 나왔습니다. 나를 건드리지 말고 제발 가만히 두라는 남편과 애정을 구걸하는 게 지겹지만 이혼녀가 되기 싫어서 살고 있다는 아내라니, 참으로 슬픈 결혼생활을 유지하고 있었습니다. 그들은 정말 소중한 것을 놓치고 있는데도 자신들이 무엇을 놓치고 있는지 알지 못했고, 무엇을 원하고 있는지도 깨닫지 못하고 있었습니다. 그나마

한 가지 다행인 것은 부부가 함께 상담실을 찾아왔다는 점이었습니다. 적어도 결혼생활에 문제가 있다는 것을 인식하고 있다는 증거이기 때문입니다.

부부 사이를 메마르게 한 문제의 뿌리를 알면 희망은 있습니다. 손톱 끝 부스러기만 한 희망이라도 있다면 그곳을 바탕으로 다시 시작해볼 수 있습니다. 다행스럽게도 두 사람은 서로의 결핍을 이해하고 소통의 어려움을 탐색해가는 시간을 가지며 조금씩 회복되기 시작했습니다. 중간에 몇 번의 위기가 있었지만, 상담 의지를 갖고 끝까지 희망을 놓지 않았기에 가능한 일이었습니다. 어떤 케이스든 원인을 잘 찾아서 맥을 잘 짚으면 주변의 혈은 풀립니다. 즉 제대로 분석이 이루어지고 각자 자기 내면의 내용에 대한 통찰이 일어나면 두 사람의 관계는 자연스럽게 연결됩니다.

애착은 공감에서 나오고, 공감은 정서적인 교류로 자란다

부부상담을 하다 보면 세상 모든 사람의 감정과 정서는 궁금해하면서도 정작 아내의 감정과 정서에는 무관심한 남편들을 많이 만납니다. 얼마 전 50대 부부가 상담실을 찾아왔습니다.

"이 사람은요, 세상 모든 사람에게 관심을 갖고 친절하지만, 저한테는 눈곱만큼의 관심도 없어요."

아내 숙정 씨는 여자 동창생들과 허물없이 잘 지내는 남편에게 섭섭한 마음을 품고 있었습니다. 아내가 서운했던 감정을 이야기하자 남편 희철 씨는 듣는 둥 마는 둥 벌컥 화부터 냈습니다.

"불만 있어? 이혼해. 이혼하면 될 거 아냐. 나 때문에 불행하다며? 나랑 헤어지면 되겠네."

억지로 상담에 끌려온 티가 역력했습니다. 자발성이 없으니 상담에 대한 의지도 없었습니다. 갈등이 깊어지고 입 밖으로 이혼 얘기를 쉽게 꺼내는 희철 씨를 보며 숙정 씨에게 물었습니다.

"그럼에도 불구하고 결혼생활을 유지하고 싶은 이유는 뭔가요?"

이런 질문을 한 이유는 숙정 씨에게 결혼생활이 어떤 의미인지 스스로 생각해봐야 할 시점이라고 판단했기 때문입니다. 아내의 감정이 어떤지 궁금해하지도 않고 언짢은 아내의 기분을 전혀 돌보지도 않는 남편의 뒤치다꺼리를 하면서 여생을 보내도 괜찮을지 고민해보길 바랐습니다. 숙정 씨는 상담에 대한 의지가 컸고, 혼자서라도 상담을 계속

하겠다고 했습니다. 그녀가 이렇게 말한 이유는 본능적으로 인생의 중요한 고비를 맞고 있다고 느꼈기 때문일 겁니다. 남편과의 관계를 돌아보는 동시에 자신의 감정을 잘 돌보며 살아왔는지 개인상담 시간을 통해 탐색하고 살펴볼 것을 권했습니다. 자신의 정서를 잘 돌봤다면 수십 년 동안 정서를 방치한 남편과 살기는 힘들었을 겁니다.

두 사람이 돌아간 후 저의 머릿속에 부부의 마음이 계속 맴돌았습니다. 20년 넘게 결혼생활을 해왔음에도 불구하고 두 사람 사이엔 어떤 정서도 흐르지 않았으며, 오히려 남보다 못한 관계처럼 보였습니다. 어쩌다 이렇게까지 되었는지 막막한 마음이 들었습니다. 부부가 중심이 되어야 하는 결혼생활에서 가장 중요한 것은 부부 사이의 친밀한 감정, 즉 부부 애착입니다. 부부 애착이 형성되지 않으면 건강한 결혼생활을 영위할 수 없습니다. 그런데 남편은 아내에게 어떤 공감도 하지 않았습니다. 아내는 정서적으로 인색한 남편에게 메여 있는 스스로를 깊이 생각해봐야 합니다. 부부 관계는 혼자서 만드는 게 아닙니다. 행복한 결혼생활을 원한다면 부부가 함께 공을 들여서 부부 애착을 형성해야 합니다. 이 애착은 상대에 대한 공감에서 나오고, 공감은 정서적인 교류를 먹고 자란다는 사실을 꼭 기억하길 바랍니다.

결혼은

탈출 시스템이

아니다

사람이 없는 결혼은 불행하다

결혼의 장점은 무엇일까요? 여러 가지 미덕이 있지만 가장 중요한 것은 내가 '선택'할 수 있다는 점입니다. 부모는 내가 선택할 수 없지만 배우자는 선택할 수 있습니다. 부모에게 상처받은 사람도 부부 관계를 통해 상처가 치유되기도 하는데, 생각해보면 정말 놀라운 일입니다.

그러나 때로 사람들은 잘못된 선택을 하기도 합니다. 부모로부터 벗어나기 위해, 상대의 성취를 내 것으로 만들기 위해, 경제적 책임을 지지 않기 위해 등등의 이유로 애정 없는 결혼을 선택합니다. 주체적으로 결혼한다고 하지만 선택의 이면에는 이런 일들이 실제로 벌어지고 있습니다. 문제는 본인만 모른다는 겁니다.

30대 후반인 정아 씨는 친정으로부터 독립하기 위한 도피처로 결혼을 이용했다가 뼈아픈 실패를 맛보았습니다. 그녀는 유독 가부장적인 집안의 2남 1녀 중 장녀로 태어났습니다. 장녀라는 부담은 컸지만 존재감은 적었는데, 딸이라는 이유에서였습니다. 남성 중심적인 사고가 강했던 부모님은 아들만 우선하고 딸은 방치하다시피 했습니다.

어릴 때부터 받아온 차별이 서러웠던 그녀는 일찍 결혼을 했습니다. 결혼이 아니면 독립할 수 있는 방법이 없었기에 합법적인 탈출 수단으로 결혼을 선택한 것입니다. 오직 집에서 탈출하겠다는 생각이 강하다 보니 자신은 물론 결혼 상대에 대해 진지하게 탐색할 틈이 없었습니다. 결과가 예상되시나요? 섣부른 계산은 부메랑이 되어 돌아왔고, 결혼 생활 내내 뼈아픈 후회를 했습니다. 시어머니, 시누이, 시동생의 뒤치다꺼리에 남편의 냉담함까지 겹쳤습니다. 뒤늦은 후회라는 말을 하기도 참담할 만큼 마음이 짓밟히고 뭉개지는 일들이 많았습니다.

이것을 어떻게 되돌릴 수 있을까요? 정아 씨는 다시 과거로 돌아가도 똑같은 선택을 할 거라고 했습니다. 물론 지금의 남편이 아닌 다른 사람을 선택하고 싶다고 했습니다. 그러나 결혼을 탈출의 도구로 이용한 사실을 뼈저리게 성찰하지 않는 이상 사람만 바꾼다고 그녀의 인생이 달라질까요? 몇 번을 회귀해도 똑같은 현실을 경험하지 않을까요?

결혼이 수단으로 전락하면 사람에 대한 탐색이 누락됩니다. 배우자라는 '사람'보다는 결혼이라는 '시스템'이 메인이 됩니다. 이게 드라마에나 나오는 이야기라면 좋겠지만, 지금도 현실에서 벌어지고 있습니다. 결혼을 도피처로 삼거나 효도 프로젝트를 대신 해줄 파트너를 찾기 위해 내가 다루기 쉬운 사람, 나를 바꾸지 않을 사람을 배우자로 선택합니다. 그러나 이것은 시작부터 첫 단추를 잘못 끼우는 일입니다.

존재감이 부족하면 생기는 일들

결혼은 존재감을 회복하고 관계를 성장시킬 수 있는 시간입니다. 성숙한 부부들은 배우자의 존재감을 존중하고 보살피는 것이 곧 자신의 존재감을 존중하고 지키는 일이라는 것을 잘 알고 있습니다. 자신의 존재감뿐만 아니라 배우자의 존재감을 알아주려고 합니다. 한 배를 탄 운명 공동체이기에 상대의 존재감이 낮아지면 자신의 존재감도 낮아진다는 것을 잘 알고 있습니다.

좋은 부부 관계를 맺고 싶다면 자신이 누구인지부터 제대로 알아야 합니다. 자신의 정체성, 즉 '존재감'이 배우자 선택과 결혼생활에 막대한 영향을 미치기 때문입니다. 내 존재감을 통찰하고 나면 상대를 보는 시선이 달라집니다.

배우자가 어떤 사람인지 알고 싶다면, 성장 과정에서 부모에게 받았던 상처와 억제된 감정들을 공유하는 게 좋습니다. 내면의 상처를 통해 그 사람이 어떤 결핍을 갖고 있는지 알면, 훨씬 더 깊이 이해할 수 있습니다.

존재감과 비슷하면서도 조금 다른 말 중에 '자존감', '자신감', '자존심'이 있습니다. 자존감은 내가 귀한 존재라는 것을 스스로 인지하는 감정입니다. 나는 사랑받을 만한 가치가 있고 귀한 존재이며 유능하다고 믿는 주관적인 긍정의 마음입니다. 자신감은 어떤 일이든 비교적 성공적으로 해낼 수 있는 능력이 있다고 자신을 신뢰하는 것입니다. 자존심은 말 그대로 자신을 존중하고 사랑하는 마음으로, 스스로의 가치와 품위를 지키고자 하는 마음과 경쟁에서 나를 지켜낼 수 있는 마음까지 포함됩니다.

자존감을 포함해 자신감과 자존심의 상위에 있고 결혼생활에 압도적으로 중요한 지표가 바로 존재감입니다. '내가 괜찮은 존재'라고 느끼는 감정인 존재감은 "당신은 정말 좋은 사람이야"라고 타인이 말해서 느끼는 게 아닙니다. 자기 내면에서 스스로 자각되는 생각이고 느낌입니다. 쉽게 얻어지지도 않고 사라지지도 않는데, 한 사람이 평생을 살아가는 데 가장 소중한 에너지원이라고 해도 과언이 아닙니다.

세상에 태어나 자신의 존재감을 최초로 확인받는 대상은 부모입니다. 부모 중에서도 특히 어머니가 첫 번째 관계의 대상입니다. 자신을 낳아준 어머니로부터 인정받는 경험을 통해 우리는 존재감이라는 덕목을 획득합니다. 아이들은 자신이 사랑받을 자격이 있다는 사실을 부모의 눈빛과 말투, 태도를 통해 본능적으로 느낍니다.

긍정적인 경험이 많다면 사회 속에서 원만한 관계를 맺으며 살아갑니다. 반면 그렇지 못한 경우 관계에서 자신감을 갖기가 어렵습니다. 상대에게 질질 끌려 다니거나 과잉 행동을 하기도 합니다. 부모에게 정서적인 지지를 받지 못했거나, 다른 형제자매에 치어 존재감이 희미한 상태로 자랐다면 다른 관계에서도 자신감을 갖기 어렵습니다. 상대에게 맞춰주지 않으면 관계가 어긋날 수 있다는 불안감에 저자세를 취하는 경우도 많습니다.

부부 관계를 망가뜨리는 방법 중 하나가 바로 자신의 비어 있는 존재감을 엉뚱한 곳에서 채우는 것입니다. 꽤 많은 경우 결혼생활의 갈등은 존재감이 비어 있는 자리에서 생깁니다. 관계가 탄탄하게 자리 잡기도 전에 상대를 내 입맛에 맞게 바꾸려고 합니다. 들판에 서 있는 나무가 잘 자랄 수 있도록 지켜보는 게 아니라 가지를 비틀고 뿌리를 자르며 보기 좋은 분재로 만드는 겁니다. 과연 누구를 위한 일일까요? 자신의 존재감을 소중히 하고 존중하면, 배우자의 존재감도 소중히 하고 존중하게 됩니다. 반면 자신이 존재감이 부족하면 배우자를 통해 욕구를 과도하게 채우려고 합니다. 표면적으로 나타난 현상을 헤집고 문제의 근원을 탐색해 좁혀들어가다 보면 결국 만나게 되는 것이 아픈 존재감과 결핍입니다.

존재감이 낮은 상대를 배우자로 선택하기도 하는데 그 이유는 무엇일까요? '순종적이기' 때문입니다. 당사자는 가부장적인 가치관이나 자기중심적인 태도가 강한 사람일 수 있습니다. 존재감이 낮은 사람이 권위적인 배우자를 만나면 수평적 부부 관계를 맺기 어렵습니다. 시작부터 추가 기울어집니다.

살다 보면 서로의 욕구가 충돌하는 시기가 오기 마련인데, 이때부터 갈등이 시작됩니다. 자신을 대신해 부모님에게 효도를 강요하거나, 배우자를 억압하고 통제하는 과정에서 부족한 존재감을 채우는 경향을 보이는 이들도 있습니다. 배우자가 애쓰는 것을 고마워하기는커녕 당연하게 여기거나 심지어 부족하다고 화를 냅니다. 결혼이 인생의 전환점이 될 수 있는 이유는 '함께' 성장하는 시간을 만들어갈 수 있기 때문입니다. 상대를 높이는 것이 나를 높이는 일이며, 상대를 소중히 여기는 것이 자신을 소중히 여기는 일입니다. 상호 존중 없이 자신의 존재감'만' 확인하는 데 배우자를 이용하는 것은 이유를 불문하고 잘못된 것입니다.

도피성 결혼은 지옥으로 가는 티켓을 끊는 일이다

존재감에 근원을 두고 혼란의 줄기를 타며 흔하게 선택하는 것 중의 하나가 도피성 결혼입니다. '결혼하면 지금보다는 나아지겠지'라고 생각하지만, 이는 안일한 생각에 불과합니다. 자신을 구원해줄 동아줄인 줄 알았는데 사실은 썩은 동아줄이라면요? 신혼 기간 잠깐의 행복을 맛볼 수는 있지만 시한부 축제가 끝나면 길고도 지난한 갈등과 고통의 길로 들어서게 됩니다. 이처럼 자신과 상대에 대한 제대로 된 탐색 없이 결혼하면 결혼 전과 똑같이 힘든 생활이 이어지거나, 오히려 그전보다 훨씬 더 버겁고 심각한 문제를 겪을 수도 있습니다. 독한 여우를 피하려다 엄청난 호랑이를 만나게 되는 격입니다.

도피성 결혼에 대한 욕구가 강할수록 상대를 제대로 탐색하기 어렵습니다. 상대의 집착을 사랑으로 오해하거나 단점이 보여도 못 본 척하거나, 심지어는 내가 잘 하면 고칠 수 있다는 착각에 빠집니다. 상대의 잘못된 행동 패턴이 계속 드러나는데도 결혼이 급하면 일단 눈을 감아버립니다. 혼자서도 오롯이 살아갈 수 있는 힘을 키워야 하는데 고달픔을 버텨내느라 일단 손쉬운 방법을 택합니다. 애석하게도 환상을 품고 불구덩이로 뛰어드는 쪽을 선택하는 겁니다. 생각은 위축되고, 제대로 감정을 표현하지 못하며, 불필요하게 저자세를 취하기도 합니다.

충분한 애정을 갖고 결혼해도 마음대로 흘러가지 않을 때가 많습니다. 비현실적인 기대가 높을수록 실망이 클 수밖에 없습니다. 부모로부터 얻지 못한 것을 배우자에게서 과도하게 채우려고 하거나, 사소한 일에도 크게 서운함을 느끼며 스스로 불행하다고 느낍니다. 특히 갈등 상황에서 취약한 모습을 보입니다. 남성의 경우 대리 효도를 통해 기존의 희미한 자신의 존재감을 높이려 합니다. 아내가 자신의 부족함을 대신 채워주기를 바라고, 자신의 미해결 과제를 전적으로 아내에게 의존하면 문제가 커집니다. 우리나라의 경우 이런 점이 전통적인 효 사상과 맞물리며 젊은 세대를 결혼에서 멀어지게 하는 요인이 되기도 합니다. 이제 이런 남성들은 원만한 결혼생활을 유지하기가 어려워졌습니다. 어느 정도 자신을 포기하고 남성 중심적인 사고를 적당히 수용하며 살았던 5060세대와 달리 지금의 여성들은 자기 자신을 소중히 여기고 가치 있게 생각합니다.

상담을 하다 보면, 남성들 중 자신이 아내에게 과도한 요구를 하고 있다는 것을 알아채지 못하는 이들이 있습니다. 얼마 전 저를 찾아온 민수 씨도 같은 문제로 아내에게 화가 나 있는 상태였습니다. 어릴 적부터 그는 형에게 치여 부모에게 주목과 인정을 받지 못한 채 자랐습니다. 그런데 형과 형수가 부모님에게 실망을 안겨주는 일이 생기자 그가 그 사이를 파고 들었습니다. 부모님에게 인정받고 싶었던 그는 아내를 들들 볶았습니다.

"제가 아내에게 바라는 건 딱 하나예요. 우리 부모님에게 기본만 하라는 거요. 아니 제가 돈을 안 벌어다줬나요. 밖에서 허튼짓을 했나요. 오직 그거 하나 바라는데, 그걸 못 해요?"

본인은 울분에 차서 토로하지만 아내에게 바라는 것이 오직 효도 하나라니, 정말 안타까웠습니다. 부모에게 인정받고자 하는 그의 욕구가 얼마나 크게 솟구치는지 한눈에 보였습니다. 그는 형 부부가 부모님에게 실망을 준 이때가 자신의 존재를 부각시키고 자신이 유일한 아들이 될 수 있는 절호의 기회라고 생각하고 있었습니다.

결혼은 절대 혼자 할 수 있는 일이 아닙니다. 셋이든 넷이든 사람이 많다고 할 수 있는 것도 아닙니다. 결혼에 필수조건이 되는 숫자는 세상에 딱 하나입니다. '둘.' 오직 두 사람만 가능한 일이기에 부부가 한 팀이 되어 애정을 쌓아야 합니다. 여기에 부모가 끼어들 틈은 없으며, 끼어들도록 용납해서도 안 됩니다. 남편의 일순위는 부모가 아니라 아내이며, 아내의 일순위도 당연히 남편이어야 합니다. 그런데 이 중요한 것을 민수 씨는 간과하고 있었습니다.

"큰애 소용없네, 역시 우리 둘째밖에 없구나."

민수 씨는 부모님한테 이 한 마디를 듣고 싶어서였지만, 아내에게는 날벼락이었습니다. 어떠한 경우에도 아내는 시부모님에게 효도를 하려고 결혼한 게 아닌데, 자신보다 시부모님을 먼저 챙기는 남편에게 불만이 생길 수밖에 없습니다. 부모에게 잘하는 여성을 원한다면 결혼을 할 게 아니라 그 역할을 해줄 사람을 고용하면 됩니다. 아내가 자신의 부모에게 효도하길 바라는 생각 자체를 바꿔야 합니다. 세상 어느 여성이 남편보다 시부모님에게 잘하려고 결혼할까요? 그런 사람은 없습니다. 사실 있어서도 안 되며, 효도가 결혼의 목적이어서는 더더욱 안 됩니다.

결혼을 생각하는 남성들에게 꼭 하고 싶은 말이 있습니

다. 자신에게 효도가 중요한 가치라면 무조건 효도를 생각하기 전에, 효도라는 개념에 대해서 다시 한 번 생각해보라는 것입니다. 그리고 이렇게 묻고 싶습니다.

"부부를 이렇게까지 힘들게 하는데, 효도가 그렇게 중요한가요?"

저는 양가 부모님과 원만하게 지내는 정도면 충분하다고 생각합니다. 효도라는 개념 자체가 부모님을 공경하고 잘 섬긴다는 뜻인데, 이게 되려면 절대적인 전제 조건이 필요합니다. 부모님의 인품입니다. 그렇다고 인품이 매우 높아야 한다는 게 아닙니다. 아내 입장에서, 며느리에게 막말을 하거나 거친 말을 거침없이 쏟아 붓고 맹렬하게 비난하는 시부모님을 무조건 어른으로 우대할 수는 없습니다. 이 말은 부모님의 인격과 품성이 좋을 때, 다시 말해서 며느리를 존중할 때, 며느리도 부모님을 공경하고 다가갈 수 있다는 뜻입니다. 아무리 배우자의 부모라고 해도 자신을 함부로 대하는데 무조건 공경하고 어른으로 섬길 수는 없습니다. 부모를 만족시키고 인정받고자 하는 자신의 욕구 때문에 정작 자신에게 가장 중요한 존재인 배우자의 욕구를 밀쳐내고도 그것을 깨닫지 못해 끊임없이 부부 전쟁을 치르고 있다면, 이것이야말로 심각한 일입니다. 효를 운운할 때가 아닙니다.

효의 내용 또한 지금 시대에 맞게 달라져야 합니다. 직접적인 보살핌을 효의 내용으로 여겼던 과거와 달리, 현대는 부부가 잘 사는 모습을 부모님께 보여드리는 게 효도의 내용이 되어야 합니다. 그런 자녀의 모습을 보며 기뻐하고 좋아하는 부모님을 어떻게 공경하지 않고, 존경하지 않을 수가 있을까요. 이런 부모님이라면 살갑게 다가가고 싶고 눈을 마주하며 웃고 싶은 건 인지상정입니다.

"너희들끼리만 잘 살면 다니?"

이처럼 마음이 꽈배기처럼 꼬인 부모라면 부모 당신들의 부부 관계를 먼저 돌아보시기 바랍니다. 자녀 부부가 잘 지내는 것을 진심으로 고마워하고 기뻐하는 부모라면 자녀들은 저절로 다가가게 되어 있습니다.

정말 결혼을 하고 싶다면 결혼의 목적이 자신과 배우자의 행복한 삶을 위한 것인지, 부모에게 효도하고 인정을 받기 위한 것인지 자신에게 물어봐야 합니다.

"진정한 사랑을 포기하고 평생을 살아갈 수 있나요?"

이 질문에 대한 답은 누구보다 본인들이 가장 잘 알고 있을 것입니다.

정서적 결핍이

가져오는

문제

혹시 내가 정서적인 고아?

"배우자를 선택하는 것은 일련의 문제 더미를 함께 선택하는 것이다."

공동 커플 치료(Collaborative Couple Therapy)의 창시자 댄 와일(Daniel B. Wile) 박사의 말입니다. 결혼은 배우자의 좋은 점과 함께 배우자가 갖고 있는 문제까지 받아들이는 것이기에 곱씹을수록 무릎을 치게 되는 말입니다.

한 사람이 부모에게 받은 심리적인 영향은 배우자를 선택하는 과정과 부부 관계에도 큰 영향을 미칩니다. 부부 갈등의 원인을 찾다 보면 결국 어린 시절의 상처와 만나게 됩니다. 치유되지 않은 상처는 성인이 되어서도 고스란히 남아 있기 때문입니다. 이 상처를 회복하지 못하면 배우자에게 고스란히 전가될 뿐만 아니라 인생이 끝나는 순간까지 문제의 화근으로 남습니다.

부부상담을 하다 보면 부모가 살아 있어도 정서적으로 고아인 사람들을 만나게 됩니다. 가족 안에서 존재감이 희미했거나 기능적인 보살핌과 양육은 받았지만 부모와 정서적인 교감 없이 자란 경우입니다. 이런 부모 손에서 키워진 자녀는 가슴이 텅 빈 듯 허전함을 느끼며 내면의 중심이 불안정합니다. 학업적으로 눈부신 성취를 했을 때만 인정받았다는 오해를 하기도 합니다. 부모에게 무조건적인 사랑을 받지 못하고 조건적 사랑을 받았다고 생각합니다. 있는 그대로 수용받는 경험을 하지 못했기에 부모와 정서적으로 연결되어 있다고 느끼지 못합니다.

정서적인 고아들은 자신이 경험한 부모 자식 사이의 관계를 부부 관계에도 그대로 적용하려는 경향이 강합니다. 배우자와 경제 공동체를 꾸려 아이를 낳고 양육하며 부모에게 도리를 다하는 것이 결혼의 본질인 것처럼 여기기도 합니다. 성장 과정에서 체험한 조건적 사랑이 결혼생활에서는 기능적인 성취를 통해서만 배우자에게 인정받을 수 있다고 참으로 슬프고 안타까운 착각을 하기도 합니다.

1990년대까지만 해도 대부분의 결혼이 이런 모습이었습니다. 남편은 가장으로서 돈을 벌어오면 그만이고, 아내는 애를 낳고 살림을 하면 완벽한 가정이라고 여겼습니다. 실제로 우리 사회 전체가 이런 모습을 이상적인 부부의 전형이라고 여겼습니다.

하나 더 나아가서 특히 아내의 희생을 미화하고 당연시여겨서 남편이 외도를 일삼고 심지어 첩을 두고 자식을 낳아 와도 아내는 입 다물고 조용히 죽어 지내는 게 집안을 위하는 일이고 미덕이라고 여겼습니다. 여기에서 탄생한 게 우리 모두가 알고 있는 '화병'입니다. 화병을 앓고 있는 분들을 생각하면, 그동안 얼마나 고통 속에 살아왔을까 가늠조차 되지 않습니다.

하지만 시대가 변했습니다. 지금의 젊은 세대는 기능적인 관계를 맺기 위해 결혼을 선택할 만큼 자신을 소홀히 여기지 않습니다. 배우자와 정서적인 교감을 통해 일상을 풍요롭게 채워나가길 바랍니다. 그래서 사랑하는 사람과의 끊임없는 소통과 대화가 매우 중요합니다. 실제로 기능이 되지 않는데 결혼을 생각하는 사람은 없어서 이 기능에 대한 것은 대략 30퍼센트 정도로 볼 수 있고, 결혼생활의 70퍼센트이상은 정서적인 부분으로 채워져야 합니다.

상담을 오는 많은 여성들이 자신보다 시가를 우선하는 남편에게 불만을 드러냅니다. 남편은 아내가 자신의 부모에게 효도하길 바라지만 정작 아내와의 정서적 교감에는 소홀하기 때문입니다. 부부가 정서적으로 단단하게 연결되어 있으면 배우자에게 고마움을 느끼고, 또 배우자의 마음을 편안하게 해주기 위해서라도 배우자의 부모님에게 잘하고 싶은 마음이 절로 생깁니다. 그러나 부부 사이의 정서에는 전혀 관심이 없으면서 자신의 부모에게 잘하기만을 요구한다면, 상대는 겉으로 뭐라고 말하든 속으로는 '내가? 왜?'라고 생각하게 됩니다. 부모에게 잘하는 것이 잘못된 것은 아닙니다. 하지만 배우자의 심정을 헤아리는 것보다 중요하지는 않으며 중요해서도 안 됩니다.

결핍이 사라지면 비로소 보이는 것들

정서적인 결핍을 갖고 있는 사람은 배우자를 선택할 때 특히 주의해야 합니다. 구멍 난 정서를 채우는 데 눈이 멀어 상대를 제대로 탐색하지 못할 가능성이 높기 때문입니다. 결혼을 반대하는 어머니 때문에 고민하던 우석 씨도 자신을 통찰하고 나서야 여자친구를 새로운 시각으로 바라볼 수 있었습니다. 상담실을 먼저 찾아온 사람은 우석 씨의 어머니였습니다. 아들이 결혼하겠다고 데려온 여성이 맘에 들지 않아 속앓이를 하고 있었습니다. 자신의 극심한 반대에도 불구하고 아들이 결혼을 강행하겠다고 우기니 수심이 가득했습니다.

"남부러울 것 없는 환경에서 물심양면으로 뒷바라지했어요. 명문대 졸업해 세상 번듯한 직장에 들어가, 얼마나 자랑스러웠다고요. 자라면서 제 속을 한 번도 썩인 적이 없는 애예요. 그런데 세상에, 망했어요. 별 볼 일 없는 집안의 애와 결혼하겠다니 공들여 키운 보람이 완전히 사라졌어요. 속에서 아주 천불이 난다구요."

어머니는 아들의 결혼에 반대하는 게 당연하다는 태도를 보였습니다. 심지어 상대 여성을 재산을 노리고 아들에게 접근한 꽃뱀으로 취급했습니다. 자라면서 자신의 말을 한 번도 거역한 적이 없던 아들이 이번만은 물러서지 않으니 아들이 문제가 아니라 그 여자가 문제라고 확신했습니다. 아들을 설득해달라는 말까지 서슴지 않고 했습니다.

그런데 정작 우석 씨는 '아들을 끔찍하게 아끼는' 어머니와는 다르게 담담한 태도로 말했습니다.

"어머니에게 저는 자랑스러운 아들이었을 겁니다. 그런데 전 '엄마'를 잘 모르겠어요. 엄마의 마음을 받은 기억이 없거든요. 성적이 좋아야만 칭찬을 받았고, 상을 타야만 좋아하셨습니다. 인정을 받으려면 열심히 노력해서 좋은 성적을 내는 수밖에 없었습니다."

우석 씨의 이런 마음이 저절로 생긴 걸까요? 안타깝게도 원인은 어머니로부터 비롯된 것이었습니다. 그는 어머니의 기대에 부응하는 순종적이고 공부 잘하는 '엄친아'였지만, 어머니의 조건적 사랑이라도 받으려고 고군분투한 결과일 뿐이었습니다. 어머니의 교육열은 아이들을 좋은 대학에 보내야 하는 목표를 가진 학교 선생님과 무엇이 다를까요. 비록 조건적인 사랑이지만 그의 옆에 어머니의 자리가 있었다면 아버지는 아예 없었습니다. 아버지는 얼굴도 잘 볼 수 없었던 '돈 벌어오는 사람' 그 이상도 이하도 아니었습니다.

부모와 정서적인 교감을 느끼지 못했던 그에게 여자친구는 달랐습니다. 조건 없이 사랑하며 그의 헛헛한 마음을 채워주었습니다. 여자친구를 만나면서 어머니가 좋아한 건 자신이 아니라 좋은 성적과 대학 간판이었음을 깨달았습니다. 상심한 그의 마음을 여자친구가 촉촉하게 보듬어주자 존재만으로도 충분히 괜찮은 자신을 깊이 느꼈다고 합니다. 그러니 어머니의 극렬한 반대에도 불구하고 여자친구를 놓을 수가 없었던 겁니다.

우석 씨의 이야기에 어머니는 큰 충격을 받았습니다. 자신은 충분히 사랑을 주었다고 생각했는데, 아들이 전혀 다른 생각을 하고 있다는 것을 알고 한없이 절망했습니다. 왜 이토록 아들을 몰아붙였는지 탐색을 해보니 남편과 시가에 자신의 존재감을 증명해내야만 했던 슬픈 사연이 있었습니다. 체면이 세상 중요한 시가에서 자신을 증명해내고 존재감을 갖기 위해서는 남보란 듯이 명품 아들을 만들어내야만 했습니다. 그래서 경쟁에서 이기도록 아들을 무시무시하게 몰아붙였습니다.

"그렇게 해야 저를 무시하는 시부모님이 저를 며느리로 인정해주고, 남편이 관심을 줄 거라고 생각했어요."

미흡했던 부부 관계를 아들을 통해 보상받으려 했던 과오를 깨달은 어머니는 결국 진한 눈물을 흘렸습니다. 엄마로서 자격이 없었음을 진심으로 인정하고 아들에게 미안한 마음을 전했습니다.

"어린 마음에 얼마나 힘들고 외로웠니…."

"불편한 할머니와 냉정한 아버지 사이에서 평생 힘들어하신 걸 알아요. 엄마가 항상 안쓰러웠어요. 제가 엄마를 도울 수 있는 길은 좋은 성적을 내는 것밖에 없었어요."

우석 씨도 진심을 말하며 오랜 시간 삭혀왔던 속울음을 쏟아냈습니다. 어머니와 아들은 뒤늦게나마 정서적으로 소통하며 깊이 연결되었습니다. 아들의 결혼 문제로 상담실을 찾았다가 아들과 관계가 개선되는 성과를 거뒀습니다.

결혼 전에 자신을 탐색해야 하는 이유

우석 씨는 무사히 결혼했을까요? 여기에 대반전이 있습니다. 그렇게 어머니의 반대에도 불구하고 결사적으로 결혼하려던 여자친구와 헤어졌습니다. 어머니의 반대 때문이 아니었습니다. 아들과 관계가 개선된 어머니는 아들의 결혼을 허락하며 한 발 뒤로 물러섰습니다. 아들이 여자친구와 행복하다면 그게 맞다는 놀라운 말씀을 하시며 아들에게 진심으로 기쁘다고 말했습니다.

결혼을 포기한 쪽은 우석 씨 본인이었습니다. 어머니와 관계가 개선되고 정서적 결핍이 채워지면서 자신을 여러 차례 통찰했습니다. 그러면서 여자친구를 바라보는 시각이 바뀌었습니다. 정서적인 결핍을 채우느라 보지 못했던 것들을 찬찬히 들여다보기 시작하면서 상대를 제대로 탐색할 수 있었습니다. 그동안 눈 감고 있던 문제를 직면하자 피하고 있던 부분들이 하나둘 수면 위로 떠올랐습니다. 자신의 과도한 애정이 결핍에서 비롯되었다는 것을 깨달은 덕분입니다.

다행스럽게도 이런 그의 변화를 여자친구도 받아들여주

었습니다. 사실 자신에 비해 월등히 좋은 조건을 가진 그를 만나며 여자친구도 위축되는 면이 있었습니다. 없는 자신감을 마치 있어 보이는 거품처럼 포장하며 살기에는 여자친구도 자신이 소중하다는 결론에 도달한 겁니다. 많은 대화를 나눈 후 한쪽의 일방적인 이별 통보가 아닌 두 사람의 합의에 의해 이별하였습니다. 세상에 좋은 이별은 없고 모든 이별은 상처를 남긴다고 하지만, 서로를 존중하며 이별하는 일도 가능하다는 것을 이들은 배웠을 겁니다.

결혼을 결정하기에 앞서 자신을 탐색하는 것이 얼마나 중요한지는 아무리 강조해도 지나치지 않습니다. 정서적인 결핍을 가진 사람들은 결혼 후에 엉뚱한 곳에서 정서적인 파트너를 찾으려는 경향을 보이기도 합니다. 돈만 주면 친밀감을 표현해주는 곳에서 영혼 없는 리액션을 돈으로 사고, 그것으로도 채워지지 않으면 이 사람 저 사람 옮겨 다닙니다. 행복한 결혼생활은 정서적인 결핍을 채워줍니다. 단, 배우자와 건강한 부부 애착을 맺어야 가능한 일입니다. 부부를 기능적인 역할만 분담하는 파트너로 대하지 마세요. 정서와 감정을 나누는 소중한 사람으로 대할 때 부부 관계의 새로운 문이 열립니다.

섹스 없이도 부부 관계가 좋을 수 있다는 새빨간 거짓말

결혼이란 오랜 시간에 걸쳐 일어나는 영속적인 변화

한 번 만들어진 부부 관계는 영원히 고정되는 걸까요? 시간이 지나면 변하는 걸까요? 《채털리 아내의 사랑》의 작가 데이비드 허버트 로렌스(David Herbert Lawrence)는 이런 말을 남겼습니다.

"모범적인 결혼생활을 영위하는 사람들의 부부 관계도 매 시간 변한다. 그리고 모든 변화는 특별한 즐거움을 주기도 하지만 고통을 동반한다. 결혼이란 오랜 시간에 걸쳐 일어나는 영속적인 변화이고 그 속에서 부부는 영혼을 성숙시키며 온전한 인간으로 변화해간다."

결혼생활에서 관계라는 정체성이 얼마나 중요한지, 온전하게 유지하는 것이 얼마나 어려운지를 짚어주는 말입니다. 부부는 자신과 배우자의 내면을 들여다보는 동시에 수시로 관계를 점검해야 합니다. 건강하고 온전한 관계가 형성되지 않으면 절대 만족스러운 결혼생활을 유지할 수 없습니다.

그렇다면 부부 관계가 온전한지 아닌지는 어떻게 알 수 있을까요? 정답은 내 마음속에 있습니다. 특별히 좋은 일이 있는 것도 아닌데 왠지 기분이 좋고 일상에서 편안한 안정감을 느낀다면 부부 관계가 원만하게 유지되고 있다는 증거입니다. 반대로 마음이 헛헛하고 공허하며 매사에 무기력하고 불안하다면 부부 관계가 안녕하지 않다는 신호입니다.

자신만 에너지를 쏟는 것 같아 밑 빠진 독에 물을 붓는 기분이 들거나 배우자 앞에서 자꾸 위축된다면, 습관처럼 해오던 자세나 태도에 제동을 걸고 부부 관계를 재점검해야 합니다.

특히 섹스와 스킨십은 부부 관계를 살펴볼 때 중요한 이슈입니다. 섹스와 스킨십을 소홀히 하는 배우자로 인해 결혼생활에 심각한 회의감을 갖고 살다가 상담실을 찾아오는 분들이 많습니다. 두 사람이 함께하는 시간과 에너지에 특히 인색한 배우자가 있습니다. 이런 경우, 부부가 친밀한 시간을 보내는 방법을 아예 모르거나, 안다고 해도 어색하다는 이유로 피하려고 합니다. 최악의 경우 그 시간을 아깝게 여기기도 합니다.

"결혼한 부부가 데이트요? 왜 그런 걸 해야 하나요?"

이렇게 반문하는 분도 있습니다. 배우자에게 향해야 할 친밀감의 에너지를 친구나 동료에게 쏟거나 자신의 취미활동에 사용하기도 합니다. 스트레스를 풀고 열심히 일할 에너지를 얻기 위해서라는 핑계를 댑니다. 한쪽이 이런 자세로 일관하면 다른 한쪽은 죄책감을 느끼기도 합니다. 바쁜 사람에게 시간을 내달라고 철없는 요구를 한 것은 아닌지 위축되고, 혼자만 섹스와 스킨십에 매달리고 구걸하는 것 같아 자존심이 상하면서 깊은 상처를 입기도 합니다.

섹스리스 부부에게

스킨십과 섹스는 원만한 부부 관계를 위한 더 없는 정서적 윤활유입니다. 그런데 최근 섹스리스 부부가 늘고 있는 추세라고 합니다. 지난 2014년 리얼미터와 한국성과학연구소가 기혼남녀 1,000명을 대상으로 조사한 '2014년 한국인 성의식 실태'에 따르면 부부 관계를 월 1회 이하로 한다는 응답자가 33.1퍼센트나 됐습니다. 이 정도면 '혼전 순결'이 아니라 '혼후 순결'이라는 우스갯소리도 나올 법합니다.

섹스리스가 전혀 문제가 되지 않는다고 자만하는 부부를 간혹 만납니다. 하지만 이것은 건강한 부부 관계라고는 보기 어렵습니다. 부부가 대화를 통해 얻을 수 있는 만족감의 한 단계 상위 버전이 스킨십이고, 그보다 더 높은 최상위 버전이 정서적으로 충만한 섹스입니다. 정서적인 섹스에서 얻는 만족감을 대체할 만한 것은 없습니다. 이 부분이 메말라 있다면 부부 관계가 건강하지 않다는 신호입니다.

어쩌면 섹스리스 그 자체가 문제는 아닙니다. 그보다 섹스리스라는 현상을 만들어낸 부부 관계의 갈등이 문제입니다. 섹스리스라는 현상을 걷어내면 부부 사이에 감정의 소통을 방해한 계기나 요인이 드러납니다. 두 사람 사이에 감정의 물줄기가 막힘없이 흘러야 하는데, 불통의 자갈들이 빼곡하게 쌓여 있습니다. 섹스리스라는 구실을 만들어서라도 버티기를 하고 있는 셈입니다. 관계가 건강하지 않은데 '괜찮다'고 피하기만 하면 될까요? 문제에 직면해서 원인을 찾아 해결해야 합니다.

한 신혼부부가 상담실을 찾았습니다. 갈등의 발단은 아내가 우연히 본 남편의 일기장 속 옛 여자친구에 관한 글이었습니다. 애초에 일기장을 보지 않았다면 좋았겠지만, 일기

장 얘기를 꺼냈을 때 돌아온 남편의 반응에 실망하고 말았
습니다.

"에이, 신경 쓰지 마, 지금은 당신뿐이야! 당신도 알잖아!"

이렇게 속 시원히 얘기해줬으면 좋았을 텐데, 오히려 남
편은 화를 내며 얼버무렸습니다. 왜 자기 몰래 일기장을 뒤
져 보았냐며 소리를 쳤고, 이후 미묘한 신경전이 지속되면
서 결국 성관계가 어려워졌습니다.

이럴 땐 어떻게 하는 게 좋을까요? 두 사람의 몸과 마음을
닫게 했던 문제와 마주해야 합니다. 일기장 이야기를 나누
었던 시점으로 돌아가 감정을 펼쳐놓고 진지하게 마주하고
이야기해야 합니다. 피한다고 해결될 문제가 아닙니다.

섹스도 결국엔 관계의 문제다

살다 보면 너무 바빠서 부부 관계를 돌볼 시간이 절대적
으로 부족할 때가 있습니다. 회사에서 중요한 프로젝트를
맡았거나 승진을 앞두고 신경이 예민해지기도 합니다. 여성
의 경우 출산 후 육아와 살림, 일을 병행하며 육체적·정신적
으로 시달리다 보면 섹스에 관심이 안 가기도 합니다. 이럴
때일수록 서로를 이해하며 협조해야 합니다.

부부 관계가 좋아지는 비결이 있을까요? 열쇠는 관계를 대하는 태도에 있습니다. 불가피하게 섹스를 소홀히 할 수밖에 없다면, 어떻게 해야 될까요?

"이렇게 힘들고 바쁜데 지금 뭘 요구하는 거야?"

"또 왜? 자꾸 이럴 거야?"

이처럼 상대에게 상처를 주는 말을 해선 안 됩니다. 대신 이렇게 말해보면 어떨까요?

"요즘 바빠서 당신과 이야기할 시간이 없네. 나도 참 많이 아쉬워…. 빨리 일 마무리하고 함께 여행이라도 가자."

"아기 때문에 당신을 챙겨주지 못해서 서운하고 섭섭하지? 주말에 어머니한테 아기 봐달라고 하고 함께 영화라도 보러 갈까?"

진심으로 미안하고 함께하지 못해서 안타깝고 아쉬운 심정을 전하면 상대도 미안하고 고마워하는 마음이 생깁니다. 말하는 사람도 듣는 사람도 마음의 안정감을 느끼게 됩니다. 이 과정을 거치면 여유롭게 기다릴 수 있습니다. 우리에게 집중할 시간이 올 것이라는 확신을 갖고 즐거운 마음으로 생활할 수 있습니다. 이런 마음 소통이 있고 서로가 위로하고 있다는 걸 느끼면 일상이 힘들어도 지치지 않습니다. 오히려 활력이 솟구치고 힘이 납니다. 때로는 육아로, 때로는 회사 일로 버겁고 힘든 기간을 서로가 든든하게 지켜보는 의미 있는 시간으로 만들 수 있습니다. 각자의 시간이 아니라 부부가 함께 만들어가는 시간이 되는 겁니다.

부부는 힘든 시기를 거치면서 관계를 튼튼하게 하는 법을 배웁니다. 섹스하기 어려운 상황이라면 친밀감을 느낄 수 있는 가벼운 스킨십을 나누며 공감 어린 대화를 나누는 것만으로도 충분합니다. 행복한 부부 관계를 만들고 유지하는 것은 실로 험난하지만, 우리 모두는 그 여정을 헤쳐나갈 수 있도록 만들어졌습니다. 두 사람이 함께 나눌 수 있는 섹스와 스킨십이라는 친밀감을 절대 놓치지 마세요. 결혼이란 만들어 놓은 요리를 혼자 먹는 것이 아니라, 함께 요리를 만들어 먹는 것입니다.

언어보다

강력한 비언어의

힘

애정 표현을 안 하는 것은 배우자로서의 직무 유기다

부부는 엄연히 이성 관계입니다. 나이 들어 주름이 자글 자글 생기고, 머리카락이 쑥쑥 빠져도 아내는 남편에게, 남편은 아내에게 매력적인 대상이고 싶습니다. 이런 얘기가 어색한가요? 연애 시절의 불같은 사랑만이 사랑이 아닙니다. 오랜 세월을 함께하며 진하게 우러난 부부 사이의 곰국 같은 애정이 더 빛나는 사랑입니다. 서로를 예뻐하고, 쓰다 듬고, 눈빛을 교환하고, 사랑을 나누는 것은 오직 사랑하는 사이에서만 할 수 있는 특별한 행위입니다. 그런데 애석하게도 이 특별한 교감을 놓치고 살아가는 부부들이 많은 듯합니다. 혹시 이러한 것들을 '한때 즐겼던 것'으로 치부하거나 '지금은 그럴 시간이 없다'고 미루고 있나요? 그렇다면 애석하게 여겨야 합니다. 인생에서 누릴 수 있는 아주 특별한 행복을 포기하는 겁니다.

친밀감을 표현하는 일은 부부생활에서 절대 포기하면 안 되는 일입니다. 이걸 소홀히 하고 있다면 배우자로서 직무유기를 하는 것과 같습니다. 부부생활에 대해 심판을 내리는 염라대왕이 있다면 다음과 같은 판결을 내리지 않을까요?

"배우자에게 태만한 죄. 너는 앞으로 500년 동안 사랑 없이 살아갈 것이다."

저의 상상이긴 합니다만, 그만큼 정서적으로나 육체적으로 사랑을 표현하는 일은 마르고 닳도록 이야기해도 부족할 만큼 중요합니다. 부부생활을 오누이처럼 사는 부부와 연인처럼 사는 부부가 같을까요? 천만에요. 부부라고 다 같은 부부가 아닙니다. 배우자를 대하는 마음가짐 자체가 다르기 때문입니다. '오누이 부부'는 혈육 관계가 아닌데 혈육 관계인 양 덤덤하니 그냥 그렇습니다. '연인 부부'는 일상적으로 애정을 표현합니다. 그런 마음이 들 때와 들지 않을 때를 가리지 않고, 배우자가 자신으로부터 애정 표현을 받을 자격이 있는지 없는지도 따지지 않습니다. 사랑을 표현하고 나누는 것 자체를 자연스럽게 은연중에 합니다.

물론 현실적인 이유로 부부가 서로에게 집중하지 못할 때가 있습니다. 아기가 태어나면 3년 정도의 기간은 아기 중심으로 부부생활이 이뤄질 수밖에 없습니다. 아기에서 이 기간은 부모의 보살핌이 절대적으로 필요한 시기이고, 부부가 아기를 우선적으로 돌봐야 하는 기간입니다. 하지만 이럴 때조차도 틈틈이 부부만의 시간을 가짐으로써 애정을 충전해야 합니다. 여기서 말하는 부부만의 시간은 거창한 게 아닙니다. 그저 육아로 힘든 시간을 보내는 것에 대해 서로를 위로하고, 보듬고, 따뜻한 눈길을 나눔으로써 서로가 서로를 여전히 아끼고 사랑한다는 마음을 표현하는 겁니다. 이런 대화를 나눠보면 어떨까요?

"나도 이렇게 버겁고 힘든데 당신은 얼마나 힘들까….."

"그래도 우리 참 잘 하고 있는 거야, 그치?"

"당신이 있어서 정말 힘이 돼."

"이리 와, 내가 안아줄게."

백 마디 말보다 한 번의 눈빛

"입이 있는데 왜 말을 못 하니?"

말하는 데 돈이 드는 것도 아니고, 입이 닳는 것도 아닌데 입 꾹 닫고 애정 표현 한 마디를 하지 않는 배우자 때문에 속이 터진 적 있나요? 어떤 이들은 술술 말만 잘 하는데 왜 내 배우자는 돌부처일까요. 말로 표현하는 일을 어려워하기는 여성이나 남성이나 비슷한 듯합니다. 여성이 관계 지향적이기 때문에 표현을 조금 더 잘할 거라고 생각하지만 '애정 표현'이라는 장르 안에선 비슷한 난이도를 겪기도 합니다.

"제가 표현을 못 해서 그렇지 정말 사랑하거든요!"

이렇게 억울함을 하소연하는 분들도 있습니다. 그런데 표현을 '말'에만 한정지을 필요가 있을까요. 말하기 어려워하는 분들에게 굿 뉴스를 전해드립니다. 말로 표현하지 않아도 마음을 표현할 방법이 있습니다. 이것은 우리 모두가 갖고 있는 능력이자 꽁꽁 얼어붙은 마음을 녹일 수 있는 강력한 무기입니다. 바로 눈빛과 얼굴 표정입니다. 눈빛이나 표정 같은 비언어적인 표현이 언어보다 훨씬 강력한 힘을 발휘합니다.

이 둘 중에 뭐가 더 세냐고 묻는다면 저는 눈빛을 선택합니다. '아이 콘택트'라는 말을 들어보셨을 겁니다. '눈맞춤'이라는 고전적인 표현도 있습니다. 사랑한다고 말하기 쑥스럽다면 눈빛에 마음을 담아 바라보세요. 상대가 느끼하다고 여기면 어떻게 하냐고요? 사람은 누구나 상대의 눈빛과 표정, 아주 사소한 몸짓에서 상대의 마음을 읽어내는 감지 능력을 갖고 태어납니다. 눈빛과 표정에 진심이 묻어 있는지, 영혼이 담겨 있는지를 꿰뚫어 볼 수 있습니다. 일종의 감이라고나 할까요? 오감을 넘어 육감으로 감지하는 것, 식스센스는 생존 전략입니다. 갓 태어난 아기조차 타자가 자기를 예뻐하는지 아닌지 귀신같이 알아챕니다.

아이 콘택트는 제가 오랫동안 사용해온 상담법 중 하나로, 2011년부터 7년 동안 책임 진행을 맡았던 EBS 〈부부가 달라졌어요〉를 통해 여러 번 소개되기도 했습니다. 그 이후 한 방송에서는 아이 콘택트를 핵심 콘셉트로 프로그램을 만들었고, 전 국민에게 감동을 주기도 했습니다. 이처럼 아이 콘택트는 소원했던 감정을 집중시키고 감정을 깊고 강력하게 전달합니다.

비언어적인 표현으로 감정을 충분히 전달할 수 있다면 굳이 말로 표현하지 않아도 됩니다. 매일 사랑한다는 말을 들어도 공허할 때가 있는가 하면, 사랑한다는 말은 듣지 못해도 꿀 떨어지는 눈빛 한번으로 마음이 충만해질 때가 있습니다. 유명 맛집 욕쟁이 할머니가 거친 욕을 내뱉어도 기분 나쁘지 않은 건 거친 욕 안에 묻어 있는, 맛있게 잘 먹여주고 싶은 애정을 느끼기 때문입니다. 중요한 것은 '애정이 담겨 있느냐 아니냐'입니다. 아무리 멋진 이벤트를 해준들 마음이 담겨 있지 않으면 소용없습니다. 여행을 가서 배우자가 하루 종일 뚱한 표정으로 있다면 즐거울까요? 같이 여행 왔으니 됐다며 생색을 내거나 이건 얼마고 저건 얼마고 돈 계산만 하고 있다면 행복할까요? 상대를 진정 생각한다면 형식과 내용을 함께 갖추어야 합니다. 표현이 형식이라면 마음은 내용입니다.

일상의 사소한 즐거움을 나누는 능력

배우자와 눈을 맞추었다면, 한 단계 더 나가길 권합니다. 아침 출근길 현관 앞에서 인사를 나눠보세요. 출근하는 남편의 엉덩이를 두드려주면서 "오늘 하루도 수고해"라고 말해주거나, 아내를 포옹하고 쓰다듬어주면서 "기분 좋은 하루 보내"라고 말해주는 겁니다. 10초도 안 걸리는 아주 짧은 시간이지만 이때 이루어지는 부부의 교감은 막강한 힘이 되며, 하루를 살아가는 강한 에너지가 됩니다. 녹용과 인삼이 들어간 보약보다 효과가 더 크다고 장담합니다.

풍경이 아름다운 곳으로 여행을 가고, 근사한 곳에서 함께 식사하는 것보다 현관 앞에서 보내는 이 짧은 시간이 부부 사이의 애착을 만드는 데 큰 역할을 합니다. 아침잠이 많아서 불가능한가요? 그래도 방법은 있습니다. 오전 중에 "자기 출근 잘 했어? 있다가 퇴근하면 더 반갑게 봐. 오늘도 힘내!"라고 문자 메시지 한 통 보내세요. 혹시 이런 소중한 순간을 놓치고 있지는 않나요? 현관 도어락에 배우자로서의 자리와 역할을 내줘서는 절대 안 됩니다.

애정 표현이라고 하면 뭔가 거창하고 닭살 돋는 일 같지만 꼭 그렇지만은 않습니다. 그것은 일상의 사소한 즐거움을 나누는 능력입니다. 다행히 우리 모두는 사랑을 표현하는 능력을 갖고 태어났습니다. 연애 시절의 자신을 떠올려보세요. 지금은 기억 저편으로 아득히 사라졌을지도 모르지만, 당신은 사랑을 잘 표현하는 사람이었습니다. 꼭 연애 시절처럼 해야 한다는 이야기가 아닙니다. 굳이 말로 표현하지 않더라도 다정한 눈빛으로 배우자를 바라보세요. 일상의 무게에 눌려 잠시 잃어버렸던 그 마음을 다시 되찾길 바랍니다.

배우자에게 마음을 표현하지 않고 결혼생활을 제대로 이어가기는 어렵다는 것을 한 번 더 강조합니다. 마음은 표현해야 알고, 표현해야 오해가 생기지 않습니다.

"왜 나를 오해해?"

억울함에 가득 차서 쌓아둔 후에 말하지 말고, 자신의 감정을 배우자에게 충분히 표현했는지 자문해보길 바랍니다.

정서적 연결을 ⋯⋯⋯⋯⋯⋯⋯⋯⋯⋯⋯⋯⋯⋯

⋯⋯⋯⋯⋯⋯⋯⋯⋯⋯⋯⋯ 만드는 노력이

⋯⋯⋯⋯⋯⋯⋯⋯ 필요하다 ⋯⋯⋯⋯⋯⋯

한쪽만 문제가 없다고 느낀다면 확실한 문제다

상대가 원하는 만큼 충분한 사랑을 주고 있나요? 자신은 최선을 다하고 있다고 생각하지만, 정작 상대는 자신이 사랑받고 있지 못하다고 느낀다면요? 중요한 것은 내가 충분히 주고 있다고 생각하는 것이 아니라 상대가 충분히 받고 있다고 느끼는 것입니다. 만약 그렇지 못하다면 관계를 다시 돌아봐야 합니다. 한쪽만 일방적으로 문제가 없다고 느낀다면 그것이야말로 확실한 문제입니다.

남편은 부부 관계에 아무런 문제가 없다고 자신하는데,

아내는 이혼을 고려할 정도로 심각합니다. 물론 반대의 경우도 존재합니다. 핵심은 부부 관계에 대해 배우자가 느끼는 수준이 다르다는 것입니다. 관계를 바라보는 간극에 차이가 생기는 이유가 무엇일까요? 관계에 대해 서로 원하는 바가 다르다는 것을 인식하지 못하기 때문입니다.

나무를 키우듯 관계도 성장시켜야 합니다. 열심히 물을 주고 가꿔야 합니다. 이때 중요한 것이 있습니다. '나 혼자 열심히'인 건 아닌지 잘 살펴봐야 합니다. 엄한 곳에 물을 주었거나 충분히 물을 주지 않았을 수도 있습니다. 어떤 사람이 정원의 나무에 매일 물을 주었는데도 나무가 시들시들 죽어가자 조경사를 불러 이유를 물었습니다. 나무를 살펴본 조경사는 의외의 답을 내놓았습니다.

"물을 주지 않으셨군요."

"네? 무슨 소리예요. 매일매일 하루도 빼놓지 않고 물을 주었는데요."

"얼마나 물을 주셨어요?"

"매번 한 바가지 가득이요."

"아이고, 이 나무는 양동이 가득 물을 주어야 해요. 한 바가지라니, 안 주는 것만 못해요."

나무에 따라 물을 주는 양이 다르듯, 관계에서도 상대에게 원하는 바가 다릅니다. 다행히 사람은 말을 합니다. 무엇을 어떻게 원하는지를 표현해야 합니다. 자신은 최선을 다하고 있다고 생각하는데 상대가 만족하지 못한다면 내가 쏟고 있는 에너지가 옳은 방향으로 가고 있는지, 양은 충분한지, 배우자가 바라는 것을 진지하게 듣고 있는지 점검해봐야 합니다. 나무가 말라 죽어가고 있다면 물을 더 충분히 주어야 합니다.

성실한 남편, 불행한 아내

관계에 대한 시각차가 가장 첨예하게 대립했던 사례를 소개하겠습니다. 부부 갈등의 가장 흔한 사례이기도 합니다. 아마 여러분 주변에도 비슷한 문제를 겪고 있는 부부가 한 커플쯤은 있을 듯합니다.

초등학교에 다니는 아들을 둔 혜지 씨는 이혼을 심각하게 고려하고 있었습니다. 남편이 자신과 아들에게 전혀 신경을 쓰지 않는다는 게 이유였습니다.

"남편이 다니던 회사를 그만두고 개인사업을 시작했는데 언젠가부터 돈만 벌어오는 사람이 되어버렸어요. 평일에 늦게 들어오는 것은 그렇다 쳐도 주말까지 회사에 나가 일하느라 가족과 보내는 시간이 거의 없어요. 여행은 고사하고 가까운 공원에도 함께 나간 적이 없어요. 이렇게 사는 게 맞는 걸까요?"

혜지 씨는 남편이 돈을 더 많이 벌어오기보다는 가족과 함께 시간을 보내주길 원했습니다. 하지만 남편은 번번이 아내의 요청을 거절했습니다. 지금은 그럴 때가 아니라며 매번 나름의 이유와 원인을 늘어놓았습니다.

"제가 열심히 일하는 게 다 누구를 위해서겠어요? 아내와 아이를 위해서입니다. 그런데 그걸 몰라줘요. 더 넓은 아파트에서 살게 해주고 싶고, 더 좋은 차를 타게 해주고 싶어요. 남들처럼 명품 백도 사주고 싶고요. 아이에게 더 좋은 교육을 충분히 받게 해주고 싶어요. 이런 제 마음이 잘못된 건가요?"

남들 눈에 남편 승우 씨는 누구보다 성실한 가장입니다. 친구들과의 술자리도 피해가며 적은 용돈으로 버티고 있었습니다. 열심히 돈을 버는 것이 남편으로서 인정받는 길이라고 생각했습니다. 남편은 아내와 가족을 위해 자신의 모든 것을 바치고 있었지만, 정작 아내는 자신이 세상에서 가장 불행한 사람이라고 생각하고 있었습니다.

무엇이 문제였을까요? 남편이 주고 싶은 것과 아내가 받고 싶은 것이 너무나 달랐습니다. 아내는 명품 백보다 남편과 함께하는 시간을 원했지만 자신의 요구가 묵살 당하는 시간이 길어지자 부부 관계에서 희망을 찾을 수가 없었던 것입니다.

상담에 적극적이었던 혜지 씨와 달리 상담을 계속 피하던 승우 씨가 어느 날 얼굴이 반쪽이 되어 찾아왔습니다. 이혼 통보를 받은 직후였는데, 아내가 왜 이혼을 요구하는지 이유조차 몰랐기에 뒤늦게라도 자신이 놓친 게 무엇인지 알고 싶다고 했습니다. 승우 씨의 깨달음이 너무 늦었던 걸까요, 안타깝게도 아내의 마음은 굳건했습니다. 승우 씨가 뒤늦게나마 온갖 노력을 기울였지만 아내의 닫힌 마음은 열릴 기미조차 보이지 않았고 그렇게 결혼생활이라는 배는 가라앉고 있었습니다. 풍랑에 배가 조금 파손된 줄 알았는데 침몰하는 배에 혼자 타고 있었던 겁니다.

이럴 때는 타이밍이 참 아쉽습니다. 승우 씨가 조금만 더 일찍 적극적인 태도를 보였다면 어땠을까요? 지금도 승우 씨는 아내의 마음을 되돌리기 위해 마음이 급한 상태입니다. 그러나 혜지 씨는 남편을 잘 알고 있었습니다. 아내를 잃는 게 힘든 게 아니라, 가정을 잃고 자신의 신념과 가치관이 깨지는 게 힘들 뿐이라는 것을요. 그에게 아내의 존재는 그다지 중요하지 않으며, 자신은 남편이 가꾸고 싶어 하는 가정이라는 자리에 놓인 아내라는 타이틀일 뿐, 있는 그대로 사랑받는 존재가 아니라는 것을요.

종종거리는 승우 씨를 보면 자신을 위한 행위이지, 아내를 잃을 것에 대한 상실과 슬픔은 아닌 듯했습니다. 이 부분을 그가 스스로 깨달아야 했는데 안타깝게도 그러지 못했습니다. 자신 안으로 들어갈 생각조차 못할 만큼 당장 발등에 떨어진 불을 끄는 데 급급했습니다.

살아가면서 사람의 마음을 잃는 것처럼 큰일이 없습니다. 하물며 가장 소중한 배우자의 마음을 잃어버리다니, 참으로 안타깝고 어리석은 일입니다. 그러니 여러분들은 부디 배우자의 마음을 함부로 여기지 않기를 바랍니다.

남자는 존재감, 여자는 안정감

"앞으로는 정말 잘할게."

부부 관계에서 어려움을 겪을 때 흔히 하는 말입니다. 그러나 말만으로는 부족합니다. 표정과 눈빛, 무엇보다 태도 자체가 달라져야 합니다. 이 부분에서 예전의 자신과는 완전히 다른 사람이 되어야 합니다. 과거에 그랬던 것처럼 내일부터 달라지겠다고 백지수표를 날려서도 안 됩니다. 양치기 소년의 거짓말을 믿을 사람은 없습니다.

우선 스스로가 만든 틀에서 빠져나와야 합니다. 자신이

얼마나 노력하며 힘들게 사는지 주장해봤자 상대에게 받아들여지지 않습니다. 숨만 막히게 할 뿐입니다. 지나치게 성실한 사람은 한바탕 노는 법을 잘 모르기도 하고, 여유를 갖고 긴장을 푸는 것에 죄책감을 느끼기도 합니다. 대체 어느 지점에 갇혀서 그토록 괴롭고 건조하게 사는 건지 찾아내야 합니다.

혜지 씨와 승우 씨의 사례는 남성과 여성이 부부 관계에 대해 기대하는 바가 서로 다르다는 것을 확연히 느끼게 해줍니다. 아무리 세상이 바뀌고 남녀의 역할 구분이 없어졌다고 해도 변하지 않는 것이 있습니다.

부부 관계에서 남성은 '존재감'이 중요합니다. 자신이 상대방에게 쓸모 있는 사람이라는 것을 확인받고자 합니다. 반면 여성은 정서적인 '안정감'을 기대합니다. 이것은 저의 오랜 부부상담 경험에서 불문율처럼 깨지지 않는 명제입니다.

물론 남성도 안정감이 중요하지만 최우선 순위는 아닙니다. 여성도 존재감이 중요하지만 최우선 순위는 아닙니다. 거의 많은 경우에서 그렇다는 겁니다. 남성은 자신이 중요하게 여기는 여성에게 어떤 존재로 비치는지를 중요하게 생각하며 끊임없이 확인받고 싶어합니다. 그래서 여성은 남편이나 남자친구가 얼마나 좋은 사람인지, 자신에게 얼마나 큰 의미인지, 자신이 상대를 얼마나 필요로 하는지를 수시로 확인해줄 필요가 있습니다. 반면 여성은 안정감을 중요하게 여깁니다. 남편이나 남자친구에게 받는 사랑에서 그것을 느낍니다. 관계의 친밀감, 심리적 안정감을 원하기 때문에 대화가 가능하고 교감할 수 있는 상대를 원합니다.

아내가 남편을 한심하게 보기 시작하면, 남편은 위축되고 화가 나고 삐딱 선을 타는 경우가 허다합니다. 마찬가지로 아내 입장에서 '남편이 나를 소중하게 여길까? 내가 여전히 사랑스러울까?' 이런 의구심이 들면 마음이 힘들어집니다.

결국 상호적 입장에서 서로에게 참 괜찮은 사람이 되고 싶은 열망이 크다고 볼 수 있습니다. 상대가 원하는 것의 코드를 잘 읽고, 그것을 확인시켜주는 것은 부부 관계를 긍정적인 방향으로 이끄는 키포인트입니다.

배우자를 이미 확보된 자원으로 생각해서는 안 됩니다. 남편은 아내와, 아내는 남편과 정서적으로 연결되는 데 에너지를 써야 합니다. 그리고 그 방향이 맞는지 수시로 점검해야 합니다. 그래야만 결혼생활을 제대로 유지할 수 있습니다.

그는 정말

나를

사랑했을까?

이토록 잘해주는 사람, 그런데 난 왜 불행할까

"남자친구가 정말 잘해주는데, 불편할 때가 있어요. 그런데도 제 생각을 솔직하게 말할 수가 없어요."

'2년째 연애 중'이라는 아이디로 온라인 상담 코너에 올라온 내용입니다.

"네가 무슨 복에 그런 남자친구를 만났는지 모르겠다."

이벤트는 물론 자장면 먹을 때 나무젓가락을 대신 뜯어줄 만큼 일상의 사소한 일까지 세심하게 챙겨주는 남자친구를 보며 주변 지인들은 입을 모아 이렇게 말한다고 합니다.

하지만 정작 이 여성은 남자친구와 결혼을 해도 될지 고민이 깊었습니다. 그녀가 결혼을 망설이는 이유는 자신의 요구가 남자친구에게 전혀 받아들여지지 않아서였습니다. 겉으로는 자상해 보이지만, 그 안을 들여다보면 '배려'인지 '강요'인지 헷갈리는 지점들이 있었습니다. 커피를 마시고 싶다고 하면 건강에 좋지 않다며 과일 주스를 시키고, 옷이나 헤어스타일조차 그가 원하는 대로 바꾸도록 유도하고 지적한다고 했습니다. 더 큰 문제는 그녀가 자기 의견을 말하거나 남자친구의 행동에 의아함을 제기했을 때 나타나는 남자친구의 반응이었습니다.

"제가 조금이라도 불만을 얘기하면 바로 얼굴이 굳어져요. 그러곤 바로 잠수를 타요. 이런 게 너무 힘들어요."

같은 일이 몇 번 반복되자 너무 지친다며 글의 끝에 이렇게 적었습니다.

"이런 제가 이해되시나요? 제가 뭔가 잘못하고 있는 건가요?"

답답함이 가득 담긴 글을 보며 저도 한숨이 나왔습니다. 그녀가 이런 고민을 주변에 토로했을 때 호강에 겨워한다며 그녀의 고민을 대수롭지 않게 여겼을 것입니다. 하지만 저는 충분히 고민해야 할 문제라고 생각합니다. 실제 상담에서도 이런 경우는 많습니다.

남자친구를 직접 만나보지 못했으니 섣불리 단정하긴 어렵지만 그녀의 글을 토대로 그림을 그려봅니다. 여러분은 이 연애의 가장 큰 문제점이 무엇이라고 생각하나요? 남자친구의 강요? 잠수 타기로 문제 해결을 하는 것? 그보다 더 중요한 것이 있습니다. 바로 '자율성의 상실'입니다. 남자친구에게는 자신의 여자친구가 어떤 대상일까요? 자신이 얼마나 좋은 사람인지 증명해줄 살이 있는 인형 같은 존재가 아닐까요? 자신이 괜찮은 남자친구라는 것을 확인받는 것이 최우선일 뿐 여자친구의 감정과 기분, 생각에는 관심이 없어 보입니다. 여자친구는 그저 자신의 존재감을 느끼게 해주고 표현해주는 대상에 불과합니다.

　연애란 서로의 감정을 주고받는 것인데, 이 커플은 소통이 결여된 채 일방통행 같은 관계를 맺고 있습니다. 이것은 상당히 위험하고 잘못된 관계입니다. 자신이 설계해놓은 대로 모든 것이 움직여야 직성이 풀리는 남성은 상대의 작은 불만에도 취약해질 수밖에 없습니다. 상대가 기뻐할 거라고 생각했는데 반응이 시원치 않으면 서로의 생각을 이야기하며 욕구를 맞춰나가는 중간 단계를 생략한 채, 그 순간 바로 '나는 나쁜 남자친구구나'라고 좌절하고 맙니다. 그러고는 상대의 마음은 안중에도 없이 동굴 속으로 들어가는 선택을 합니다. 어쩌면 남성의 내면에는 상대를 길들이기 위해 벌을 주겠다는 마음이 도사리고 있을지도 모릅니다.

'내가 이렇게 해주면 너는 당연히 기뻐해야 하는 거야, 넌 나 아니면 안 돼! 이런 내게 고마운 줄 모르고 내게 큰 상처를 줬어!'

소위 가스라이팅에 해당하는 이 말을 잠수 타는 행동으로 전달하고 있는 건 아닐까요? 그 사이 그녀는 어떻게 했을까요? 받지도 않는 전화를 수차례 걸고 문자 메시지를 수차례 남기며 남자친구가 예전의 자상한 모습으로 돌아오기를 기다립니다. 남자친구가 다시 빗장을 여는 순간은 언제일까요? 자신의 존재감이 충전되는 순간일 겁니다. 상대의 애타는 마음으로 나약하고 못난 자신의 존재감을 충전하는 겁니다. 이게 사랑일까요? 이게 정말 상대를 진심으로 존중하는 태도일까요?

'이런 사람 또 만날 수 있을까'의 함정

'2년째 연애 중' 님이 자율성을 상실하게 된 이유가 전적으로 남자친구의 탓이라고 보긴 어렵습니다. 일방통행식 사랑에 휘둘리고 있다면, 상대가 자신의 존재감을 확인하는 수단으로 나를 동원했는지 점검해봐야 합니다. 특히 결혼을 전제로 연애하고 있다면 더더욱 이 과정이 필요합니다. 결혼 후에도 비슷한 양상이 지속될 수 있기 때문입니다.

저는 '2년째 연애 중' 님의 글에서 한 가지 희망을 발견했습니다. 불안정한 관계의 원인을 상대에게 돌리기보다 그녀 자신에게서 찾고 있다는 것입니다. 상대를 탓하기보다 스스로를 알아보고자 하는 의지를 갖는 것만으로도 문제 해결의 실마리가 보입니다.

대개 자신의 의견과 요구를 남자친구에게 제대로 표현하지 못하는 이면에는 여러 이유가 있습니다. 그중에서도 결정적 요인을 하나 꼽자면 '이 사람을 놓칠까 두려워하는 마음'입니다.

'나에게 이렇게 잘해주는데 이런 사람을 또 만날 수 있을까?'

이 생각에서 빠져나오기 힘듭니다. 그런데 상대가 나에게 잘해주는 것보다 더 중요하게 생각해야 하는 것이 있습니다. 자신의 감정이 상대로부터 '있는 그대로 배려받고 있는가' 하는 것입니다. 상대가 나의 자율권을 존중하고 있으며, 내가 그 자율권을 누리는 것을 상대 또한 기뻐하고 있음을 전달받아야 합니다. 내가 배려받고 있다는 것을 어떻게 알 수 있을까요? 당연히 자신이 잘 압니다. 주변에서 아무리 좋은 사람이라고 해도 본인이 그렇게 느끼지 못한다면 진지하게 고려해야 합니다. 남들이 봤을 때 좋은 남편, 좋은 남자친구와 나한테 좋은 남편, 좋은 남자친구는 철저하게 구별됩니다. 뭔지 모르게 마음이 불편하다면 배려를 받는 것이 아닙니다.

이런 상황에서 갈등이 생겼을 때 상대가 흔하게 들이대는 것이 '올바른 것', '합리적인 것'입니다. 커피를 마시는 것보다 과일 주스를 마시는 것이 더 건강에 좋다는 논리입니다. 그런 보편타당한 기준을 잣대로 들이대며 자신의 요구를 관철시킴으로써 상대를 자신의 통제 아래 두려는 의도입니다. 이런 통제가 자꾸 먹히는 건 내 동조가 있기에 가능합니다. 손바닥도 마주쳐야 소리가 나는 법이라서 그렇습니다.

교제 중에 이런 일이 반복적으로 발생한다면, 그 사람에게 나는 존중의 대상이 아니라는 뜻입니다. 이럴 때일수록 '잘해주는 것'에 현혹되지 말고 상대에게 목줄이 잡혀 끌려다니는 이유가 무엇인지 직면해야 합니다. 만약 '2년째 연애 중' 님이 불편한 감정을 조금 더 솔직하게 드러냈다면 어땠을까요?

"과일 주스가 몸에는 더 좋겠지. 그래도 난 지금 커피가 마시고 싶어."

"이 옷이 더 잘 어울린다고? 그래도 내 취향을 존중해줘."

당당하게 자신의 욕구를 말했다면 관계의 양상은 달라졌

을지도 모릅니다. 툭하면 잠수를 타는 버릇으로 여자친구에게 일방적으로 암묵적인 벌을 주고, 여자친구가 어쩔 줄 몰라 절절 매는 상상을 하며 마치 자신은 별일 아니라는 듯 그 시간을 견뎌보는 태도 등도 마찬가지입니다. 이런 행동이 전혀 먹히지 않는다면 불편함을 느낄 겁니다. 그래도 헤어질 생각이 없다면 여자친구의 이야기에 귀를 기울이며 행동을 변화시키기 시작했을 겁니다.

연애도 결혼도 '언제나 항상 늘' 좋은 감정으로만 채울 수는 없습니다. 기쁘고 신나는 감정은 시간 속에서 부드럽게 흘러가지만, 힘들고 버거운 감정은 시간을 멈추고 지배합니다. 그렇기에 불편한 상황이 오면 생각을 펼쳐놓고 감정을 솔직하게 나눠야 합니다. 직면해야 합니다. 갈등을 피하려 든다면 원인이 무엇인지, 상대에게 저자세를 취하게 되는 내 안의 문제는 무엇인지 충분히 통찰해야 합니다.

배려와 사랑은 상대가 주는 선물이나 이벤트의 숫자로 확인하는 게 아닙니다. 내 마음으로, 내 가슴으로 직접 느껴야 합니다. 눈을 바로 뜨고 나는 내 감정을 존중하는지 먼저 봐야 합니다.

자신에 대한 존중,

상대에 대한 존중

관계에서 저자세를 취하고 자신감이 없다면

모든 인간에게 가장 소중한 존재는 누구일까요? 바로 '나 자신'입니다. 그러나 스스로를 챙기지 못할 때가 많습니다. 바쁜 일상 속에서 타인을 챙기다 보면 정작 자신에게 필요한 것을 소홀히 하기도 합니다. 여성들의 경우 남편이나 자녀에게 밀려 우선순위의 맨 끝에 자리할 때가 있습니다. 가끔은 이럴 수 있지만 궁극적으로 가장 중요하고 가장 열심히 돌봐야 할 존재가 '나 자신'이라는 사실은 변하지 않습니다.

2018년 라이프 매거진 〈전성기〉와 서울대학교 소비트렌

드분석센터가 공동으로 실시한 조사가 있습니다. '대한민국 50+ 세대의 라이프 키워드'라는 제목이었는데 흥미로운 대목이 있었습니다. '자신에게 소중하다고 생각하는 순서대로 나열하라'는 질문에 응답자의 절반 이상인 53.9퍼센트가 '나 자신'을 1위로 꼽았습니다. 자신보다는 가족을 우선시하는 전통적 가치관에서 탈피해 자신을 인생의 주인공 자리에 복귀시키려는 욕구가 담겨 있는 결과였습니다. 남성들은 2순위로 배우자(21.8%)를 꼽은 반면, 여성은 자녀(27.0%)를 꼽아 남녀 간의 차이가 보였습니다. 그래도 자신을 1위에 놓았다는 건 인식의 전환을 알려주는 중요한 표지입니다.

결혼생활에서 자신을 소중하게 생각하면서도 배우자를 배려하는 자세는 꼭 갖춰야 하는 덕목입니다. 배우자에 대한 배려가 결혼생활의 만족도를 좌우하는 요인인 것은 두말할 필요도 없습니다. 그렇기에 진정한 배려에 대해 생각해봐야 합니다. 배려의 대상에서 '나 자신'이 빠져 있지 않은지 말입니다. 상대에게는 헌신적으로 잘하면서도 자신을 보살피지 않거나 가족은 지극정성으로 보살피면서 자신은 돌보지 않는다면 제대로 된 배려가 아닙니다.

연애 시절에는 간이라도 떼어줄 것처럼 잘해주다가 결혼하고 나서 돌변하는 남자들이 있습니다. 이들을 가만히 살펴보면 절반 정도는 삶에서 자신을 우선순위에 둔 적이 거의 없습니다. 흔히 가족 안에서 부모와 형제자매를 위해 헌신하고 그들을 위해 자신의 모든 것을 양보하며 자란 경우입니다. 자신을 위해본 적이 없는 사람들이 결혼을 하면 어떻게 될까요? 또 한 명의 적당한 희생의 분신을 만들게 됩니다.

소름이 끼친다고요? 연애 시절에 잘해준 건 뭐냐고요? 상대가 가족이 아니기 때문에 잘해준 겁니다. 하지만 결혼하고 가족의 울타리로 들어오면 달라집니다. 상대와 자신을 동급으로 생각하기에 자신을 돌보지 않았던 것처럼 상대를 돌보지 않습니다. 가족 내 우선순위에서 자신을 철저하게 밀쳐냈던 것처럼, 배우자 또한 가족 내에서 자신처럼 가장 하위에 둡니다. 자신이 더 손해보고, 참고, 배려했던 것처럼 배우자도 손해보고, 참고, 배려하는 데 동참하기를 바랍니다. 다음과 같은 결론을 미리 내놓은 채 말입니다.

"내가 부모님에게 하는 것처럼, 당신도 해야 한다."

형태는 조금 다를 수 있지만 여성에게서도 이런 경우는 드물지 않게 발견됩니다. 상대에게 열과 성을 다해 헌신하며 맞춥니다. 상대가 혹시 나를 싫어하지 않을지 두려워하거나, 이별이 무서워 안 맞는 상대를 계속 만나거나, 상대의 눈치를 보며 속말을 참습니다. 갈등 상황을 회피하고 해결을 포기해버리는 습관을 갖고 있는 경우도 많습니다.

자존감이 낮으면 상대에게 차일 확률도 높지만, 결혼하더라도 존중받지 못합니다. 하녀처럼 자기 목소리를 내지 못한 채 살아가기도 합니다. 연애 때부터 관계에 상하가 설정되면 남성은 이런 여성을 자신을 뒷받침해주는 기능적인 존재로 여깁니다. 관계에서 저자세를 취하고 자신감이 없다면 스스로 자신을 소중히 여기고 있는지 반드시 점검해봐야 합니다.

내가 가장 사랑해야 할 사람은 '나'

남녀 사이의 애정은 부모와 자녀 간의 사랑과는 다릅니다. 자신을 희생하면서까지 배려하는 사랑은 집착이거나 부족한 자신을 의탁하기 위한 도피일 뿐입니다. 결혼은 두 명의 성인이 만나 서로를 소중히 아껴주고 지지해주며, 위로하고 공감하기 위해 하는 것입니다. 자신을 소중하게 여길 줄 모르면 상대도 나를 소중하게 여기지 않습니다.

그런 점에서 저는 자신의 감정과 욕구를 표현하는 데 솔직한 요즘 젊은 세대에게 많은 기대를 걸고 있습니다. 부모님 세대에는 자신의 감정과 욕구를 표현하는 것이 무척 낯선 일이었습니다. 그들은 희생을 강요당하기도 하고, 가족 내에서 적당히 자신을 낮추는 것이 미덕이라고 여기는 환경에서 살아왔습니다. 이런 생각들이 결혼의 본질을 왜곡시킨 부분이 많습니다. 이제라도 결혼 문화는 반드시 달라져야 합니다.

최근 지인으로부터 들은 흥미로운 이야기를 하나 들려드리겠습니다. 자신의 생각과 욕구를 솔직하게 표현하는 요즘 젊은 세대의 당당함을 엿볼 수 있는 에피소드입니다.(권위적이고 가부장적이며 남성 중심적 사고가 강하면서 혈압이 높거나 심장질환이 있는 분들은 주의하시길 바랍니다.)

신혼인 은경 씨는 남편과 함께 시댁을 방문했습니다. 다 같이 식사를 한 후 그녀가 설거지를 하려고 일어섰습니다. 그러고는 남편에게 이렇게 말했습니다.

"설거지 같이 하자."

그 순간, 시어머니가 포크에 과일을 꽂아 아들에게 건네며 이렇게 말했습니다.

"네가 무슨 설거지니. 과일이나 먹어."

여러분이 은경 씨 입장이라면 이런 상황에서 어떻게 하실 건가요? '나도 과일 먹을 줄 아는데'라고 속으로 투덜대며 혼자 설거지를 할까요?

은경 씨는 설거지를 하러 가는 대신 다시 자리에 앉았습니다.

"어머니, 저도 과일 먹을래요."

과일을 다 먹은 후에도 시어머니는 아들에게 이런저런 이야기를 건넸습니다. 아무리 봐도 남편과 같이 설거지를 하기 어렵다고 생각한 은경 씨는 주방에 들어가지 않았습니다. 설거지가 자기 혼자 해야 하는 일은 아니라고 생각한 겁니다. 그리고 집으로 돌아와서 부부 싸움을 대판 벌였습니다. 아내와 어머니 사이에서 내내 불편했던 정호 씨가 불평을 쏟아냅니다.

"어머니 앞에서 꼭 그래야 했어? 그깟 설거지 좀 하면 어때서?"

"그래, 그깟 설거지. 당신이 하면 좀 어때서? 밥은 나 혼자 먹었어? 당신도 먹었잖아. 그깟 설거지 나중에 하면 되지. 과일 먹겠다고 한 게 죽을죄야? 뭘 이렇게 화를 내?"

말 그대로 '그깟 설거지'라면 누구라도 하면 되는 거 아닌가요? 은경 씨가 정말 설거지를 하기 싫어서 고집을 부린 걸까요? 그런 문제가 아닙니다. 가족 구성원의 한 명으로 동등하게 존중받지 못했기에 화가 난 겁니다. 정호 씨 입장도 이해는 됩니다. 분란을 만들고 싶지 않으니 어머니에게 맞춰드리고 싶었을 겁니다. 하지만 이런 생각부터 달라져야 합니다. 아내가 설거지를 같이 하자고 말하기 전에 같이 해야 합니다. 어머니가 말리면 웃는 얼굴로 이렇게 말하면 됩니다.

"어머니 먼저 드시고 계세요. 아내 혼자 설거지하게 둘 수 없어요."

　내 아내를 아끼는 일에 어머니의 눈치를 볼 이유는 없습
니다. 시가에서든 친정에서든 아내가 혼자 설거지하는 것을
당연히 여기고 있다면, 남편은 결정을 내려야 합니다. 내 아
내를 인격적으로 존중할 것인지, 그깟 설거지 때문에 마음
상하게 할 것인지 말입니다. 겨우 어머니 마음 편하게 해드
리기 위해서 아내 혼자 설거지를 해야 하는 상황을 만드는
건 잘못된 일입니다. 물론 그깟 설거지 은경 씨가 해도 됩니
다. 하지만 이런 경우, 시어머니의 마음을 변화시키는 차원
에서라도 부부가 함께 설거지를 하는 모습을 보여줄 필요가
있습니다. 그래야 이후 은경 씨가 시가에 오는 일이 불편하
지 않습니다. 부부가 어느 장소에서든 편안할 수 있는 환경
을 능동적으로 조성하는 일은 부부의 의무입니다.

로맨스가

스릴러가

되지 않으려면

부부 관계의 기본은 수평적 협력

좋은 부부 관계의 기본 전제는 '소통과 공감'입니다. 소통과 공감은 부부 애착을 강하게 만드는 접착제입니다. 둘만이 아는 언어와 신호, 경험이 쌓이면 접착제의 성능은 놀라우리만치 좋아집니다. 어지간한 방해와 위기에도 끄떡없을 만큼 매우 진하고 단단하게 연결됩니다. 부부 애착이 강한 부부는 상대의 감정 속으로 자유롭게 들락날락합니다. 그것을 가능케 하는 것이 바로 정서적인 교류입니다.

공감을 잘하려면 먼저 상대의 이야기를 잘 들어야 합니

다. 상대의 말을 경청하고 욕구를 존중하는 과정을 통해 관계의 오해를 줄일 수 있습니다. '나와 같겠지'라는 안이한 생각을 하는 순간 상대를 이해하려는 과정이 생략되고, 오해가 생기기 시작합니다.

연인이나 부부가 공감을 형성하는 데 경계할 것이 있습니다. 힘의 우열이나 권력 관계가 형성되는 것만큼은 절대 피해야 합니다. 관계가 수직성을 띠면 상대를 제압하거나 무시하는 등 자기중심적으로 행동합니다. 관계에 치명상을 입히는 일이 됩니다. 공감은 상대가 평등하고 동등한 인격체라는 것을 전제로 할 때 생깁니다. 부부 사이에 권력 관계가 형성되면 어떻게 될까요? 호랑이가 토끼한테 공감할까요? 토끼가 호랑이한테 공감을 받았다고 생각할까요? 힘을 가진 사람이 자기보다 힘이 없는 사람에게 굳이 공감하려 애쓰지 않는 경우는 허다합니다.

그런데 안타깝게도 부부 관계에서 권력 관계가 형성되는 경우가 많습니다. 가부장적인 태도로 배우자에게 희생과 양보를 강요하거나, 꼬투리를 잡아서 제압하기도 합니다.

30대 후반의 희수 씨는 음란 동영상에 등장한 여자와 닮았다는 얼토당토않은 이유로 못되게 구는 남편에게 시달리고 있었습니다. 동영상 속 여자는 자신이 아니며, 사실 관계를 확인하자고 해도 남편은 믿어주지 않고 계속해서 아내를 무시하고 억압하는 자세로 일관했습니다.

그런데 정말 남편은 동영상 속 주인공이 아내가 아니라는 사실을 몰랐을까요? 확고한 믿음을 가지고 아내를 계속 의심한다면 이것은 '정신질환'의 영역입니다. 그러나 심리검사 결과 그는 정상 범주에 속했습니다. 그에게 중요한 것은 사실이 아니었습니다. 자신의 열등감을 감추기 위해 아내를 제압하고 마음대로 휘두를 구실이 필요했을 뿐입니다. 영화에나 나오는 이야기가 아닙니다. 형태는 달라도 부부 관계를 권력 관계로 만드는 시도를 하는 이들이 현실에서도 많습니다.

단정적으로 말하지만 부부 관계에서 상하 관계는 성립되지 않습니다. 시대가 변했습니다. 가부장적인 가치관은 힘을 잃어가고 있습니다. 여성의 역할은 물론 남성의 역할도 달라졌습니다. 여성의 사회적 지위가 높아지면서 경제적으로 동등한 역할을 하게 되었고, 남성도 가사와 양육을 공동으로 책임질 것을 요구받고 있습니다. 기능적인 역할 분담의 형태에서 정서적인 협력 집단으로 결혼의 패러다임 자체가 바뀐 것입니다.

그런 의미에서 한 가지 짚고 갈 것이 있습니다. 자신보다 한참 우월한 조건을 가진 배우자를 찾는 사람들은 결국 제 발등을 찍게 될 것이라는 점입니다. 순종적인 사람을 원하나요? 그러면서 '우리 커플은 참 잘 어울린다'고 생각하나요?

순종적인 배우자를 찾는 사람과 사랑받을 수만 있다면 순종적인 것이 낫다는 사람의 조합은 잘못된 조합입니다. 언뜻 잘 맞는 것처럼 보일지 모르지만 이런 관계는 오래 지속될 수 없습니다. 시간이 지날수록 순종적인 태도에서 느끼는 매력도는 점점 떨어집니다. 과도하게 안정감을 느끼는 사람에게 능동성을 낼 필요가 있을까요. 조건 차이가 크게 나는 결혼을 꿈꾸고 있다면, 오히려 이런 결혼을 경계할 필요가 있다는 것을 알아야 합니다.

변화의 시작, 내 마음의 감정 존중하기

부부 관계가 상하 관계로 기울고 있다고 느낀다면 그런 구도를 만드는 데 스스로 일조하지 않았는지 살펴봐야 합니다. 겉으로는 배우자에게 존중받는 것 같아도, 실제로는 본인의 욕구가 무시당하는 경우도 있습니다. 다음에 설명하는 사례에 해당되지 않는지 체크해보세요.

일상의 자질구레하고 사소한 일에서는 배우자가 지극정성으로 챙겨줍니다. 남들 눈에는 세상 자상한 배우자로 칭찬이 자자하며, 너무나 로맨틱하다며 부러워합니다.

"오늘 외식할까? 당신이 먹고 싶은 거 먹자."

"휴가 때 어디 놀러 갈까? 당신이 가고 싶은 데 가자."

별 문제 없는 것처럼 느껴지나요? 일상의 소소한 일을 챙겨준다는 이유로 눈과 귀를 멀게 하면 안 됩니다. 정말 중요한 것은 큰 결정도 동등하게 해야 합니다. 혹시 별로 중요하지 않은 결정과 선택의 권한만 허락된 것은 아닌지 살펴봐야 합니다. 집을 사고파는 일, 시가(처가)에 돈을 빌려주는 문제, 대출을 받거나 주식을 사고파는 문제, 이사 문제 같은 중요한 사항을 결정할 때도 서로의 의사를 존중하나요? 자신과는 상의조차 하지 않고 배우자가 혼자 결정한 후 통보하진 않나요? 만약 그렇다면 내 결혼생활이 로맨스 장르인지 스릴러 장르인지 잘 생각해야 합니다. 상대는 스릴러를 찍고 있는데 나 혼자 로맨스를 찍고 있다고 착각하는 것인지도 모릅니다.

중요한 결정에 자신의 의견을 말하는 것이 어렵다면 뭔가 잘못된 겁니다. 상하 관계가 형성된 전형적인 모습입니다. 인격적인 존중과 공감이 결여된 채 결혼생활이 오래 지속되면 건강한 관계로 바꾸는 데 많은 노력이 필요합니다. 하지만 갈등을 일으키고 싸우는 것이 두려워서 문제를 회피한다면 계속 무시당하면서 살겠다고 선언하는 것과 같습니다.

게다가 자녀에게도 부정적인 영향을 미칩니다.

수직 관계에서 흔히 보이는 부부 관계 유형 중에 자신의 뜻을 강요하고 그것을 부탁이라고 미화하는 경우가 있습니다. 모든 결정을 자기 마음대로 내린 뒤 배우자가 따라주지 않으면 부탁을 거절한 것으로 여깁니다. 환장할 노릇 아닌가요? 부탁은 선택권이 상대방에게 있어야 합니다. 그렇지 않은 부탁은 부탁을 가장한 강요입니다. 또 다른 유형은 자기 말을 듣지 않은 배우자에게 벌을 주는 것입니다. 상대가 자기 마음대로 되지 않으면 말을 하지 않거나 무시하는 태도를 보입니다. 힘든 감정 노동도 불사합니다.

이런 경우 참는다고 문제가 해결되지 않습니다. 자기중심적인 배우자에게 나도 모르게 협력하고 있진 않았는지 정직하게 되돌아봐야 합니다. 이럴 때는 문제를 직면하고 솔직하게 대화를 나누고, 대화로 풀리지 않는다면 싸움이라도 해야 합니다. 때로는 관계를 잃을 각오를 하고서라도 자신의 존엄을 지키기 위해 분명한 의사를 표현해야 합니다. 싸우는 것을 겁내서 부부 관계의 고질적인 문제를 짚지 않고 살면 부부 관계는 물론 자녀의 양육과 교육에서 더 큰 손해를 보게 됩니다. 평생 그렇게 살고 싶으신가요?

감정이 상하는 데에는 분명 이유가 있고, 무시당한다고 느끼는 것은 무시하는 상대가 있기 때문입니다. 자신의 감정을 평가절하하는 순간 관계가 수직적으로 기울게 됩니다.
수평관계 속에서 서로를 존중하고 존중받으며 살고 싶다면
먼저 내 마음의 소리에 귀를 기울여야 합니다.

내가 맞추면 ....

.... 된다는

.... 착각 ....

부부 관계에 상하좌우는 없다

부부상담의 모든 사례가 해피엔딩으로 끝나는 것은 아니
며 해결의 실마리를 찾기 어려운 경우도 많습니다. 부부가
느끼는 애착의 정도에 간극이 큰 경우가 그렇습니다. 배우자
중 한쪽은 결혼생활에 아무 문제가 없다고 여기는데, 다른
한쪽에서는 불만을 느낍니다. 결혼은 공동 생활인데 어떻게
이런 일이 생기는 걸까요? 한쪽이 참기 때문입니다. 문제를
못 느끼는 배우자는 상담을 와서도 소극적인 태도를 보일 때
가 많습니다. 정말로 문제가 없다고 느끼기 때문입니다. 양

쪽 다 문제가 있다고 느낄 때보다 상담이 더 어렵습니다.

둘 다 문제를 인식하고 있는 건 평평한 운동장에 서 있는 것과 같습니다. 돌멩이에 걸리고 흙먼지를 뒤집어쓰더라도 나아갈 방향이 보입니다. 그런데 한쪽만 문제를 느낀다는 건 기울어진 운동장에서 고군분투하는 것과 같습니다. 상대 는 유유히 저 높은 곳에 앉아 있는데 나 혼자 미끄러지고 자빠집니다. 부부 중 한 명만 문제를 느끼고 있다는 건 존중받지 못하고 있다는 뜻입니다. 상대가 내 감정에 별로 영향을 받지 않는다는 의미입니다. 이런 현상은 부부 사이에 정서적인 교감이 결여되었을 때 주로 나타납니다. 수직 관계가 형성되었을 확률도 높습니다.

문제가 없다고 느끼는 배우자가 변하기를 기다리면 될까요? 지나가던 개가 웃을 얘깁니다. 그런 일은 일어나지 않습니다. 문제를 느끼지도 못하는데 자신을 바꿔야 할 이유가 있나요? 뭐가 문제인지도 모르는 경우가 허다합니다. 부부 관계에서 본인만 에너지를 쏟고 있다고 느낀다면 원인을 찾아야 합니다. 상대 탓을 한다고 관계가 변하진 않습니다. 오히려 악화시킬 뿐입니다. 우선은 배우자가 나에게 에너지를 쏟지 않는 이유를 자신에게서 먼저 찾아야 합니다. 자신을 탓하라는 이야기가 아닙니다. 객관적으로 자신을 통찰하는 것이 중요하다는 겁니다.

기울어진 관계의 수평 맞추기는 나의 변화로부터

"도대체 무슨 문제가 있다는 건지 모르겠어요."

결혼한 지 2년 차인 근우 씨는 상담을 시작하자마자 대뜸 이렇게 말문을 열었습니다. 아내가 끌고 와서 억지로 온 티가 역력했습니다. 낯선 상담사와 초면인데도 이렇게 퉁퉁거리는데 아내에겐 어떤 태도를 보였을지 일면 염려도 됐습니다.

상담을 먼저 시작한 건 아내 수지 씨였습니다. 남편에 대한 불만으로 가득 차 있었는데, 남편과 정서적인 교감을 전혀 느끼지 못한다고 했습니다. 남편은 사사건건 자신을 가르치려 들었고, 아내인 자신보다 시부모님을 우선시했습니다. 결혼생활 자체에 심각한 회의를 느끼고 있었습니다.

"둘이서 오붓하게 놀러 가자고 하면 시부모님 모시고 가자고 해요. 맛있는 음식을 먹어도 시부모님 얘기를 하고요. 저한테는 관심도 없고 온 신경이 시부모님에게 쏠려 있는 것 같아요."

수지 씨의 불만이 가볍지 않은데도 근우 씨는 문제의 심각성을 전혀 깨닫지 못하고 있었습니다. 아내의 성격이 밝고 상냥해서 크게 불편함 없이 살아왔던 겁니다. 자신의 욕구를 정확하게 표현하지 않은 수지 씨가 암묵적으로 부응한 결과이기도 했습니다.

성장 과정에서 수지 씨는 오빠들에 비해 상대적으로 존재감이 낮았습니다. 가족이 자신의 든든한 지원군이 되어줄 거라는 기대는 할 수 없었고, 이런 답답함을 돌파하고자 도피 결혼을 한 셈입니다. 결혼해 잘 살고 싶은 마음이 크다 보니 신혼 초부터 남편의 욕구를 맞추는 일에 익숙해졌습니다.

"내가 맞추면 된다고 생각했어요. 잘 맞출 자신도 있었고요."

이 말을 듣는 순간 눈앞이 아득해졌습니다. 욕구를 적절히 조절할 수는 있지만 계속 참을 수는 없습니다. 자신의 욕구를 참고 누르고 잊는 동안 내면의 시한폭탄은 계속 움직입니다. 언젠가 반드시 뺑! 터지게 되어 있습니다.

그녀는 자신의 내면을 들여다보며 서럽게 울기도 하고 화도 내면서 어린 시절의 자신을 만나기 시작했습니다. 스스로 문제를 해결해가는 힘도 강해졌습니다. 상담 횟수가 늘어날수록 얼굴이 달라졌습니다. 내면적으로 어떤 경험을 하고 있는지 물어봤습니다.

"상담하며 느낀 걸 친정에 가서 전부 얘기했어요. 가족들이 많이 놀라더라고요. 특히 부모님이요. 제가 얼마나 중요한 존재인지 말해주셨어요. 그 말을 들으니 왠지 모르게 자신감이 생겼어요. 남편하고 문제가 생기면 참지 말라고도 말씀하셨어요. 괴롭고 힘든데 왜 참고 사냐고. 제 편을 들어줬어요. 제가 오해하고 있었나 봐요. 부모님도 오빠들도 절 많이 아낀다는 걸 이제야 알았어요."

"싸움을 피한다고 문제가 해결되진 않아요. 남편에게 하고 싶은 얘기를 해보세요. 차분하고 담담하게 충분히 전달해보세요."

며칠 후 근우 씨가 혼자 찾아왔습니다. 아내가 같이 부부 상담을 받자고 졸라도 꿈쩍 않던 그가 제 발로 찾아온 겁니다. 이유가 뭘까요? 아내의 변화가 불편해졌기 때문입니다. 불평은 할지언정 자신의 요구를 참고 잘 들어주던 아내가 당당하게 목소리를 내기 시작하고, 눈치를 보기보다 자신감 있게 행동하니 그럴 만도 했을 겁니다. 결혼생활 2년 만에 처음으로 위기의식을 느낀 겁니다.

근우 씨도 성장 과정에서 아픔이 있었습니다. 초등학생 때 아버지가 갑작스러운 교통사고로 크게 다치신 후 집안이 기울었습니다. 아버지 병간호에 병원비까지 마련해야 했던 어머니는 항상 바빴습니다. 어린 나이에 불안하고 힘든 나날을 보내야 했던 그는 친구를 사귀는 일에도 소극적으로 변했습니다. 학원에 다니고 싶었지만 어려운 형편에 마음을 접고 혼자서 열심히 공부했습니다. 그것이 부모님을 기쁘게 해드리기 위해 자신이 할 수 있는 유일한 일이라고 느꼈습니다. 열심히 공부해서 탄탄한 중소기업에 취직했고 승진도 순조로워 연봉도 높았습니다.

"이만하면 충분히 잘 사는 거 아닌가요? 뭘 더 바라야 하는지 모르겠어요."

근우 씨가 능력 있는 남편인 것은 맞습니다. 갖은 고생으로 자신을 키워준 부모에게 보답하고 싶은 마음도 충분히 이해합니다. 하지만 정작 중요한 것이 빠졌습니다. 아내와의 부부 애착입니다. 효도는 그 다음 문제입니다. 그럼에도 효도를 우선순위로 두고 싶다면 아내에게 미안하고 고마운 마음을 갖고 그것을 충분히 표현하는 것이 중요합니다. 자신이 부모에게 효도하는 것을 당연히 여긴다 해도 배우자와 함께하는 결혼생활에까지 부모님을 끌어들이며 효도하는 것이 당연한 건 아닙니다.

관계에서 우리가 잊지 말아야 할 것이 있습니다. 변화를 바란다면 자신이 먼저 변해야 한다는 겁니다. 상대가 먼저 변하길 바라고 싶겠지만 그런 일은 거의 불가능합니다. 기울어진 관계를 복귀하려면 자신이 먼저 바뀌어야 합니다.

결국

모든 싸움은

사랑 이야기다

상처를 줄 수도 있지만 상처에 약을 발라줄 수도 있다

갈등을 겪는 일은 누구에게나 힘든 일입니다. 생각이 많아지고 감정도 요동칩니다. 에너지를 쓰는 게 싫어서 되도록 갈등을 회피하기도 합니다. 그러나 건강한 부부는 싸움도 잘합니다. 잘 싸운다는 건 뭘까요? 자주 싸운다는 뜻이 아닙니다. 싸움을 잘한다는 것의 진짜 의미는 화해도 깔끔하게 하고 다시 또 잘 지낸다는 겁니다.

싸우는 과정 못지않게 중요한 것이 화해의 과정입니다. 어떤 부부는 전날 밤 미친 듯이 싸우고도 다음 날 아침 아무

일 없던 것처럼 풀어지기도 하고, 어떤 부부는 사소한 이유로 다투어도 며칠 혹은 몇 주 이상 서로를 투명인간 취급하며 냉전 기간을 겪기도 합니다.

화를 내고 감정을 해소하는 방식이 각자 다르듯, 화가 풀리는 시간도 사람마다 차이가 있습니다. 스위치를 켰다가 끄는 것처럼 싸우고 나서 바로 아무렇지 않게 배우자를 대할 수 있는 사람이 있는가 하면, 화를 푸는 데 시간이 한참 걸리는 '동굴형'도 있습니다. 후자의 경우 시비를 가리느라 대화를 이어가기보다 감정을 정리할 수 있는 혼자만의 시간을 원합니다. 화를 바로 풀어야 하는 사람은 나중에 이야기하자는 말이 자신을 무시하거나 밀쳐내는 걸로 느껴질 수 있습니다. "나중이 대체 언제냐?"며 짜증을 내고 화를 냅니다. 하지만 서로 다른 성향을 갖고 있다는 것을 이해해야 합니다. 당장 끝장을 보자고 해봐야 상황을 더 악화시킬 뿐입니다.

며칠씩 화를 풀지 않고 벌을 주듯이 배우자를 투명인간 취급하는 것은 부부 관계에서 절대로 해서는 안 되는 일입니다. 연애할 때도 마찬가지입니다. 상대를 벌 주는 이런 못된 습관을 '밀당'이라는 말로 미화해선 안 됩니다. 지친 상대를 굴복시키곤 관계에서 우위에 있다고 느끼는 사람을 만나고 있다면 하루라도 빨리 헤어지는 게 낫습니다.

중요한 것은 서로의 차이를 인정하고 간극을 줄여나가려

는 노력입니다. 상대에게 무작정 기다려달라고만 하는 것도 옳지 않습니다. 화를 풀기 위해 시간이 필요하다면 화해의 의지가 있다는 것을 알려줘야 합니다. '나중에'라고 얼버무릴 것이 아니라 정확한 시기, 시점, 시간을 이야기합니다. 그래야 상대가 불안한 감정을 갖지 않고, 나와 대화할 의지가 있구나라는 신호를 감지하고 기꺼이 기다려줄 수 있습니다. 막연하게 언제 올지 모를 그 시간을 기다려야 하는 배우자는 불쾌하고 불안하고 초조한 감정에 휩싸여 힘든 일상을 겪게 됩니다. 이 부분만큼은 꼭 '협상'해야 합니다.

부부 싸움 이후 화해는 언제 하는 게 좋을까요? 관계에 타이밍이 중요한 것처럼 화해할 때도 타이밍이 중요합니다. 아내는 싸우고 10분 만에 대화를 하고 싶어 하지만, 남편은 하루가 필요하다면 절충이 필요합니다. 10분이든 하루든 싸우고 나면 스스로 소화할 시간이 필요합니다. 그 시간이 각자 다를 뿐입니다. 왕성한 소화력을 가진 사람도 있지만 천천히 소화시키는 사람도 있습니다. 억지로 맞추려고 했다가는 더 큰 탈이 납니다.

시간을 갖겠다는 것은 상대를 사랑하지 않거나 괴롭히기 위해서가 아닙니다. 말 그대로 시간이 필요하다는 의미입니다. 다만 아내는 10분 후에 바로 이야기하기를 원하는데 남편은 하루가 필요하다면, 언제 대화를 하자고 정확하게 얘기해줘야 합니다.

"지금 이야기하고 싶지 않아."

이렇게 막연하게 말해버리면 아내는 남편이 자신을 무시하고 갈등을 피한다고 생각해서 더 화가 날 겁니다. 화를 누그러뜨려야 하는 상황에서 오히려 화를 돋우는 것이 됩니다. 남편도 화가 나기는 마찬가지입니다. 혼자서 생각과 감정을 정리하고 싶은데 억지로 대화를 하면 공격받는다고 느낍니다. 애초에 싸움이 왜 시작되었는지 본질은 사라지고 서로를 앙숙으로 대하는 못된 감정만으로 으르렁거리게 됩니다.

이런 부부는 평소에 화해를 할 타이밍을 대략적으로라도 정해놓는 게 좋습니다. 예를 들어 다음 날 저녁 8시라고 정해보는 겁니다. 이렇게만 해도 절반은 성공입니다. 대화를 할 의지가 있다는 것을 확인했으니 크게 불안하지 않습니다. 약속한 시간에 대화를 시작합니다.

한 가지 팁을 더 드리자면, 'I message & I want' 방식으로 대화를 하면 도움이 됩니다. '너 때문이야'가 아니라 '나는 이렇게 느끼고 이런 걸 원해'라고 말합니다. 싸움의 원인이 된 내용 때문에 내 마음이 어땠는지, 어떤 것이 실망스럽고 무엇이 불안했는지, 그리고 무엇을 원하는지 대화를 나눕니다.

싸움도 화해도 타이밍

화해에 타이밍이 있듯, 부부 관계를 더욱 풍요롭게 할 수 있는 일상에도 타이밍이 있습니다.

첫 번째는 생일입니다. 이날은 일 년 중 사람의 마음이 가장 여려지는 날입니다. 생일날 좋은 일이 있으면 평소보다 더 기분이 좋고, 나쁜 일이 생기면 마음에 오래 남습니다.

두 번째는 아침에 눈을 뜨고 난 직후와 잠들기 직전입니다. 특히 아침에 기상하고 나서 10분은 단연코 최고의 시간입니다. 10~20분 정도의 짧은 시간이지만, 이때 부부가 나누는 대화는 다른 때 길게 나누는 대화보다 몇 배나 효과적입니다. 사람의 마음이 가장 부드럽게 열리는 시간이기 때문입니다. 서로가 서로에게 얼마나 소중한 존재인지 표현하기에 최적의 타이밍입니다. 이 시간에는 배우자뿐 아니라 자녀와도 더 깊게 교감할 수 있습니다. 잠들기 전에 책을 읽어주는 것도 이런 이유에서입니다. 그래서 수면에 들기 전 기분 상태는 상당히 중요합니다. 편안하고 안정적으로 기분 좋게 수면에 드는 게 뇌에도 상당히 긍정적인 영향을 미칩니다.

세 번째는 식사 시간입니다. 함께 밥을 먹는다는 것은 아주 원초적인 행동이자 생존면에서도 의미 있는 시간입니다.

그런 의미 있는 시간을 더욱 풍요롭게 하는 것이 바로 대화입니다. 다만 식사 시간만큼은 심각한 이야기를 피하고 상대의 장점, 상대로 인해 좋았던 일, 고마운 마음 등을 표현합니다. 즐거운 이야기를 나누며 서로를 응원하는 시간으로 사용해야 합니다. 회사에서 안 좋았던 이야기로 식탁의 분위기를 무겁게 가라앉히거나 시험 성적이나 숙제 이야기로 자녀들의 기를 죽여서는 안 됩니다. 식탁에서는 부디 서로의 장점과 좋은 일, 그리고 칭찬 등으로 함께 마음을 나누는 이야기를 하길 바랍니다.

반복되는 싸움을 그치게 하는 세 가지 방법

"우리 부부는 마치 평행선을 걷는 것 같아요."

싸우다 지쳐 상담실을 찾은 부부들이 자주 하는 말입니다. 같은 이유와 패턴으로 싸움을 반복하면서도 해결의 실마리를 찾지 못하는 경우입니다. 이때는 세 가지 측면에서 문제를 살펴봐야 합니다.

첫째는 부부 싸움 이면에 숨겨진 좌절된 욕구를 찾는 것입니다. 화를 내면서도 이유를 모르거나 모른 척하면 문제의 본질에 접근하지 못합니다. 싸움이 겉돌 수밖에 없습니다. 말꼬투리를 잡고 늘어질 것이 아니라 어떤 이유로 화가 났는지를 정확히 전달해야 합니다.

둘째는 'I message & I want'로 말하는 것입니다. 자신의 의사를 상대에게 전달할 때 빙빙 돌리지 말고 '나(I)'를 주어로 하여 전달하는 것이 핵심입니다.

마지막 셋째는 배우자에 대한 통합적인 사고를 가지는 것입니다. 배우자의 잘못이나 흠만을 끄집어내어 지적할 것이 아니라, '그럼에도 불구하고' 충분히 좋은 배우자이고 많은 장점을 갖고 있다는 것을 인정하는 겁니다. 가끔은 술을 마시고 집에 늦게 들어와 미울 때도 있지만 성실하고 자상한 남편이고 좋은 아빠이지 않나요? 때로 까다롭게 굴고 괜히 짜증을 내서 이해할 수 없을 때도 있지만 착하고 현명한 아내이자 자녀의 엄마인 것처럼 말입니다.

한 사람의 모든 면을 받아들이긴 어렵습니다. 내 마음도 보듬기 어려워 때론 뾰족한 가시를 만들어내기도 합니다. 각자 만든 가시가 서로를 찔러 상처를 내듯이 말입니다. 사실 배우자에게 불만 덩어리가 보인다면 대개의 경우 그것은 나의 불편과 불안, 두려움으로 더욱 자극적으로 보이는 것입니다. 이처럼 우리는 서로에게 상처를 주는 존재이기도 하지만, 상처를 치유해주는 존재이기도 합니다. 이왕 싸울 거라면 정성을 들여 의미 있고 진지하게 싸우세요. 싸움을 통해서 서로의 뾰족함을 끌어안을 수도 있습니다. 싸움이 자신과 상대를 더 깊이 이해하고 관계를 성장시키는 계기가 될 것입니다. 결혼이 사랑 이야기이듯, 모든 싸움도 결국 사랑 이야기입니다.

네잎클로버의 의미는 '행운'입니다.

그런데 네잎클로버는 찾기 어렵습니다.

흔하게 볼 수 있는 건 세잎클로버입니다.

세잎클로버의 의미는 '행복'입니다.

이상적인 결혼을 꿈꾸며 멀리 있는 행운을 행복이라고 착각했다면,

이제는 현실적인 눈높이를 갖춰야 할 때입니다.

행운은 어쩌다 찾아오는 것이지만

행복은 일상 속에서 가꿀 수 있습니다.

[3부]

그래도 결혼!

사랑의 묘약,

부부 애착

네잎클로버의 행운보다 세잎클로버의 행복을

여러분 주변의 부부들은 어떻게 살고 있나요? 모두 행복해 보이나요? 그렇지는 않을 겁니다. 실제로 상당수의 부부가 이상적인 결혼생활과는 거리가 먼 상황에 직면해 있습니다. 결혼 초기에 꿈꾸었던 '아름다운 결혼생활'을 떠올리면 기가 막혀서 헛웃음이 절로 나온다는 분들도 있습니다. 배우자에 대한 불만으로 매일 전쟁 같은 날들을 보내는 부부도 있고, 싸우다 지쳐 서로에 대한 기대를 완전히 접고 남남처럼 사는 부부도 있습니다. 자녀 때문에 어쩔 수 없이 산다는 부부도 드물지 않습니다. 이쯤 되면 사랑해서 결혼생활을 한다기보다 필요에 의해 결혼을 유지하는 상황이며, '현실적인' 결혼이란 '형식적인' 결혼에 불과한 셈입니다. 행복하려고 한 결혼인데 어쩌다 이렇게 불행해진 걸까요?

"어떻게 사랑이 변하니?"

영화 〈봄날은 간다〉 속 남자 주인공의 대사가 떠오릅니다. 많은 부부들이 공통적으로 하는 이야기가 있습니다. 연애할 때는 누구보다 열렬히 사랑해주고, 모든 것을 이해해주며, 오직 나만을 바라보던 사람이 결혼 후엔 완전히 다른 사람이 되었다는 겁니다.

누구나 결혼 후 편안하고 안정적인 관계가 오래 지속되길 바랍니다. 우리 내면에는 동화 속 결말에 나오는 말, '왕자와 공주는 오래오래 행복하게 살았답니다'가 잠재되어 있는 듯합니다. '행복(幸福)'은 다행할 행(幸), 복 복(福)으로 이뤄진 말입니다. 말 그대로 그다지 별일 없이 사는 것이 행복인데, 우리가 이토록 불행한 이유는 어쩌면 지나치게 높은 기대 때문은 아닐까요?

네잎클로버의 의미는 '행운'입니다. 그런데 네잎클로버는 찾기 어렵습니다. 흔하게 볼 수 있는 건 세잎클로버입니다. 세잎클로버의 의미는 '행복'입니다. 이상적인 결혼을 꿈꾸며 멀리 있는 행운을 행복이라고 착각했다면, 이제는 현실적인 눈높이를 갖춰야 할 때입니다. 행운은 어쩌다 찾아오는 것이지만 행복은 일상 속에서 가꿀 수 있습니다.

행복한 결혼을 보장하는 최고의 혼수

행복하고 안정된 결혼생활을 위해 연애 시절부터 준비할 수 있다면 무엇부터 시작해야 할까요? 그런 방법이 있긴 하냐고요? 물론 있습니다. 서로를 존중하며 잘 살고 있는 부부들을 보면 힌트가 보입니다. 이들에게는 공통점이 한 가지 있습니다. 부부 사이를 끈끈하게 만들면서도 서로를 성숙하게 이끌어주는 '스페셜 섬씽', 바로 '부부 애착'입니다. 이것은 폭풍처럼 밀려왔다 사라지는 연애 감정보다 훨씬 강하고 듬직하며 건강한 감정입니다.

"이 세상에서 가장 소중한 사람은 당신이야."

"내 삶의 우선순위는 당신이야."

이렇게 말하는 부부만이 갖는 아주 특별한 감정이 바로 부부 애착입니다. 상대가 항상 예쁘고 멋져서 이렇게 말하는 걸까요? 일상생활을 같이 하는데 어떻게 그럴 수 있겠습니까! 눈곱 낀 모습, 코를 고는 모습, 뒤통수에 까치집을 지은 부스스한 모습까지 다 봅니다. 그럼에도 이렇게 말할 수 있는 이유는 배우자가 어떤 모습이든 상대에게 관심을 갖고 배려하는 마음이 있기 때문입니다.

부부 애착을 단단하게 형성하려면 나에게 좋은 사람을 만나야 합니다. 상대방이 자신의 배우자로 적합한지 탐색하는 기간을 충분히 가져야 합니다. 마음에 드는 사람을 만나면 우리 눈에 핑크렌즈가 끼워집니다. 눈에 콩깍지가 씌어 상대방의 좋은 점만 선택적으로 보게 됩니다. 그래서 핑크렌즈 기간에 성급하게 배우자를 결정하면 안 됩니다. 위험하고 잘못된 선택을 할 확률이 높기 때문입니다.

좋은 사람을 만나는 것보다 더 기본이 되어야 할 조건이 있습니다. 먼저 내가 좋은 사람이 되는 겁니다. 상대가 어떤 사람인지 탐색하는 것만큼 자신이 어떤 사람인지 잘 아는 것이 중요합니다. 그렇지 않으면 내 안의 결핍이 끌어당기는 사람을 만나게 됩니다. 성장 과정에서 인정받지 못하고 자랐다면 나를 인정해주는 사람에게 끌릴 확률이 높습니다. 처음엔 달달할지 모르지만 지나칠 경우 병적으로 의존적인 관계가 될 수 있습니다.

부부 애착은 사랑이라는 감정만으로 저절로 형성되지 않습니다. 서로 다른 두 사람이 만난다는 건 서로 다른 두 개의 세계관이 만나는 것입니다. 상이한 세계관이 만나 하나의 세계로 합쳐지는 과정에서 어마어마한 에너지의 충돌이 일어날 수밖에 없습니다. 이런 충돌과 갈등을 이겨내고 지속적으로 상대에게 관심을 갖고 보살피는 과정을 거치면서 애착은 생겨납니다. 서로에게 온전히 스며들어야만 만들어집니다.

부부 애착과 관련해 한 가지 더 강조하고 싶은 게 있습니다. 부부 애착은 자기 존중을 바탕으로 형성된다는 것입니다. 자신을 존중할 줄 아는 사람이 배우자도 존중합니다. 우리의 뇌는 우리가 사랑하는 사람을 '나'라고 여기는 경향이 있습니다. '나=배우자=소중한 사람'이 되기에 자신을 소중하게 여기듯 배우자를 소중하게 여기게 됩니다. 자신을 사랑하지 않거나 자신만 귀한 줄 알면 부부 애착이 형성되지 않습니다.

부부 애착이 중요한 것은 부부 생활의 질을 좌우하기 때문입니다. 부부 애착을 형성하지 못하는 사람, 또는 부부 애착에 관심이 없다면 결혼하지 않아야 한다고까지 생각합니다. 최근엔 예전처럼 혼수를 중요하게 여기지 않는 듯하지만, 꼭 챙겨야 하는 혼수가 한 가지 있습니다. '배우자와 애착을 형성하려는 마음'입니다. 결혼식 이벤트, 가전제품, 가구를 마련하는 것보다 백만 배는 더 중요한 으뜸 혼수입니다.

결혼생활의 특별한 기쁨을 누리는 기술

제가 행복한 결혼을 말할 때, 귀에 딱지가 앉을 정도로 부부 애착을 강조한다는 걸 이제는 잘 아실 겁니다. 그런데 도대체 부부 애착이 구체적으로 뭘 말하는 거냐고요?

'옥시토신'이라는 호르몬의 이름을 들어보셨나요? '사랑의 묘약'이라고도 하는 이 호르몬은 남녀 사이에 친밀감을 느끼게 합니다. 부부 애착의 실체가 바로 이 옥시토신 호르몬입니다. 흥미로운 것은 산모와 아기가 강한 정서적 유대감을 느끼는 것도 이 옥시토신의 작용 때문입니다. 아기가 울면 엄마는 어느새 달려와 아기를 안고 달랩니다. 늘 아기에게 안테나가 향해 있기에 아기가 어떤 상태인지, 왜 우는지 금방 알아봅니다. 이렇듯 애착은 우리가 태어나는 순간부터 형성됩니다. 엄마와의 사이에서 경험했던 애착이 개인의 삶에서 형성되는 모든 대인 관계의 기본 토대입니다.

그런데 아기에게는 '당연'하게 작동하던 애착이 부부 사이에서는 어떤 이유에서인지 제대로 작동하지 않는 경우가 많습니다. 퇴근한 남편의 목소리가 평소와 다른데도 알아차리지 못하거나 알아차리더라도 대수롭지 않게 넘기는 아내도 많습니다. 친정에 다녀온 아내가 짜증을 내거나 침울해 있는데도 왜 그런지 물어보지도 않고 슬그머니 친구를 만나러 가는 남편도 있습니다. 물론 감지를 못 하는 게 아니라 너무 감지를 해서 피하는 경우도 있습니다. 이는 부부 애착이 잘 형성되지 않아 생기는 것입니다.

애착 형성이 잘 이루어진 부부는 서로의 작은 변화도 금방 알아채며 능동적으로 반응합니다. 상대의 기분을 살피고 위로하며 진심으로 관심을 쏟습니다. "당신 괜찮아? 오늘 무슨 일 있었어?"라고 다정하게 말하며 어깨를 쓰다듬고 손을 잡아줍니다. 부부 애착이 강한 이들의 최대 강점은 함께 즐기고 기뻐할 수 있는 친밀한 능력입니다. 같이 보내는 시간을 마련하고 그 시간 동안 상대에게 집중합니다.

사랑은 타이밍이라고 하는데 부부 애착을 형성하는 데도 '골든 타이밍'이 있을까요? 있습니다. 출산과 육아 기간처럼 배우자의 관심과 사랑이 간절하게 필요할 때가 있습니다. 특히 아기를 출산하는 일은 부부 관계가 크게 흔들리는 사건입니다. 아기로 인해 정서적인 불균형이 발생해 일상의 모든 부분이 총체적으로 흔들립니다. 이 기간이야말로 더 깊은 부부 애착이 필요한 시기입니다. 부부상담을 하다 보면, 부부가 가장 많이 힘들고 어려울 때가 임신과 출산, 초기 양육 기간입니다. 이때 부부 싸움이 빈번하고 고조되는 건 그만큼 부부가 정서적으로 서로를 많이 원한다는 뜻이기도 합니다. 부부 모두 인생을 통틀어 가장 취약한 시기를 보내기 때문입니다. 여성의 경우 임신과 출산, 초기 양육 기간 3년은 이전과 달라진 자신의 모습에 신기하고 감동적이면서도 혼란스럽고 때로 자존감이 바닥을 치는 경험을 하기도 합니다. 양육이라는 부담스러운 책임감으로 몸도 마음도 약해지는 기간입니다. 이럴 때 가장 필요한 것이 남편의 사랑과 관심입니다. 남편은 출산과 육아로 힘들어하는 아내의 심정을 이해하고 더 많이 대화를 나누고 사랑을 표현해야 합니다.

그런데 이 시기가 아내에게만 중요할까요? 남편도 똑같이 중요합니다. 출산과 육아가 여성의 삶을 뿌리부터 바꾸는 일인 것처럼 남성도 생애 전체에서 심적인 압박을 가장 강하게 느끼는 때입니다. 아내와 자녀를 책임져야 한다는 심적 부담이 어깨를 짓누릅니다. 다만 자신이 힘들다는 것을 덜 표현하거나 다르게 드러낼 뿐입니다. 대다수 남성들은 감정 표현에 서툴고 어색합니다. 심지어 자신의 감정을 가감 없이 드러내는 사람을 감정 컨트롤을 못하는 무능한 사람으로 보기도 합니다. 그러나 출산과 육아로 받는 남성의 압박감이 여성의 고통보다 덜하다고 할 수는 없습니다.

아내도 남편도 자신이 더 힘들다고 주장하고 싶어집니다. 그런데 이때야말로 상대를 생각해야 할 때입니다. 저 사람이 나보다 더 힘들 거라고 생각하고 말로 표현해야 합니다.

출산과 육아에 대한 두려움과 불안, 동시에 생명의 탄생과 새로운 가족을 맞이하는 설렘과 기쁨을 표현하며 살뜰하게 감정을 살피고 상호 적극적으로 격려하며 위로해야 합니다.

여러분은 어떤 부부생활을 선택하고 싶은가요? 결혼 후 배우자가 변했다고 상대방 탓만 할 건가요? 아니면 서로를 안아주고 위로하기 위해 노력하며 살아갈 건가요? 연애할 때 넘치게 분비됐던 옥시토신의 역할을 더욱 익어가는 안정적인 감정으로 이어가는 것이 진정한 부부 애착입니다.

부부 애착 체크리스트

다음에 소개하는 체크리스트는 부부 애착 정도를 알 수 있는 항목들로 이루어져 있습니다. 부부가 함께 천천히 항목을 읽어보면서 각자 체크해보세요.

그런데 시작 전에 한 가지 알아둘 게 있습니다. 부부간에 서로 다른 점수가 나올 수도 있습니다. 점수 차이가 클 경우 괜스레 상대가 얄밉고 속상해지기도 하겠지만, 부부 애착 체크리스트의 목적을 잊어서는 안 됩니다. 싸움의 빌미를 만들려고 하는 게 아닙니다. 점수 차이가 크면 클수록 부부간에 대화가 중요합니다. 대화를 시도해도 소통이 잘 되

1	배우자는 나를 좋아하고 존중하며 사랑한다.	1 2 3 4 5
2	배우자는 내 기분과 생각을 궁금해한다.	1 2 3 4 5
3	배우자는 내가 어떤 상황에서 편안하고 기분이 좋은지 잘 알고, 그런 상황과 방법을 만들기 위해 나에게 마음을 쓴다.	1 2 3 4 5
4	배우자에게 나는 0순위다.	1 2 3 4 5
5	배우자는 부부 데이트 시간을 가지려고 애쓰며, 부족하면 아쉬워한다.	1 2 3 4 5
6	배우자가 나에게만 하는 언행의 표현 방식이 있다.	1 2 3 4 5
7	배우자에게 속상한 얘기를 했을 때, 우선 내 심정을 알아준다.	1 2 3 4 5
8	내게 안 좋은 일이 생겼을 때 배우자가 안타까워하고, 그런 마음을 내가 느낀다.	1 2 3 4 5
9	내게 힘든 일이 생기거나 건강에 문제가 생겼을 때 배우자는 누구보다 먼저 나를 보살펴줄 사람이다.	1 2 3 4 5
10	부부 싸움을 했을 때, 배우자가 마음 아파하고 관계를 풀기 위해 고민하는 게 느껴진다.	1 2 3 4 5
11	배우자는 어디서든 나를 자랑스러워하며, 나에게도 직접 표현한다.	1 2 3 4 5
12	배우자는 나의 대인관계, 사회적 위치, 성장을 응원하고 격려하며 지지한다.	1 2 3 4 5
13	배우자는 내 자존심을 지켜주고 존중한다.	1 2 3 4 5
14	배우자는 내 원가족을 존중하며, 양가 가족의 일을 함께 상의한다.	1 2 3 4 5
15	배우자는 부부 중심으로 살아야 한다고 생각하며, 그것을 실천하고 있다.	1 2 3 4 5
합계		( )

지 않고 같은 문제가 반복된다면, 전문가를 찾아 도움을 받는 것도 좋습니다.

체크리스트를 하는 방법은 간단합니다. 각 문항을 읽고 1~5점 중 한 곳에 체크합니다. 모두 체크했다면 총 점수를 더합니다. 배우자와 어느 항목이 얼마나 다른지, 어느 항목에서 비슷하게 느끼고 있는지 체크해봅니다.

〈75~60점〉 축하합니다! 부부 애착이 잘 형성되어 있습니다. 남편과 아내 모두 이 정도면 부부 결속력은 단단한 편입니다.

〈59~40점〉 진지한 대화가 필요합니다. 조금만 더 배우자에게 다가가려 애쓰고 배우자에게 귀를 기울인다면 안정권으로 들어갈 수 있습니다.

〈39~25점〉 부부 애착이 위험합니다. 부부가 시간을 내서 서로를 바라봐야 합니다. 덤덤해지는 관계가 언제부터 시작되었는지 원인을 찾으려는 노력도 해야 합니다.

〈24점 이하〉 부부 애착이 매우 약합니다. 부부 관계를 근본부터 다시 생각해야 합니다. 전문적인 부부상담이 필요합니다.

부부 애착의

모든

것

·

애착의 부재가 문제를 만든다

세상에서 가장 힘겹고 어려운 일이 무엇일까요? 타인에 대한 이해 아닐까요? 배우자도 엄연한 타인입니다. 내가 아는 부분도 있지만 도무지 알 수 없는 부분도 있습니다. 익숙하면서도 낯선 타인인 배우자를 알아가고 사랑하는 일은 경이로운 일이지만 그만큼 고난의 여정이기도 합니다. 그렇기에 내 인생에 누군가를 배우자로 받아들이려면 제법 큰 용기가 필요합니다.

결혼을 결심할 시기엔 두려움과 설렘이 공존합니다. '이 사람과 행복하게 살고 싶다'는 마음과 '이 사람과 잘 살 수 있을까?'라는 마음 사이에서 줄타기를 합니다. 안전한 결혼이라고 생각해서 선택했지만 펼쳐 보니 불안덩어리 결혼생활이 펼쳐지기도 합니다.

결혼을 앞두고 혼란스러움을 느끼는 건 자연스러운 일입니다. 그러나 분명한 것은 로또 같은 결혼도 없고 완전 꽝인 결혼도 없다는 사실입니다. 부부가 어떻게 하느냐에 따라 결혼생활은 달라지기 때문입니다. 정해진 것이 있는 게 아니라 창조해가는 것입니다. 만약 불행한 방향으로 가는 것 같다면 '애착의 부재'에서 비롯된 것은 아닌지 살펴봐야 합니다. 부부 사이에서 일어나는 거의 모든 문제는 정서적인 친밀감, 즉 애착의 부재에서 비롯된다고 할 수 있습니다.

그렇기에 부부 문제의 솔루션도 한 가지입니다. 부부 애착을 탄탄하게 쌓는 것입니다. 부부 애착을 제대로 쌓지 못했다면 부부 사이를 단단하게 연결해야 하고, 혹시 잃어버렸다면 되찾으면 됩니다. 궁극적으로는 부부 애착이 안정적으로 오래 유지될 수 있도록 자신의 에너지를 편안하게 지속적으로 배우자에게 연결해야 합니다. 이것이 바로 행복한 결혼생활의 문을 열어주는 만능 열쇠입니다.

그렇다면 부부 애착이 잘 형성된 부부들은 어떤 모습으로 살고 있을까요? 그들이 배우자와 어떻게 관계를 맺고 어떤 일상을 살고 있는지 살펴보면, 앞으로 펼쳐갈 결혼생활의 밑그림을 그리는 데 도움이 될 것입니다.

부부 애착 관계가 잘 형성된 부부의 특징

부부 애착 관계가 안정감 있게 형성된 부부는 서로의 '감정 상태'를 쉽고 빠르게 알아차립니다. 단순히 상대의 눈치를 보는 게 아니라 마음의 안테나가 자연스럽고 편안하게 배우자에게 향해 있는 것입니다. 배우자의 미묘한 표정의 변화, 행동의 부자연스러움을 잘 알아챕니다. 휴대전화기 너머로 들려오는 "응, 여보" 세 음절만으로도 단번에 상대의 상태를 알 수 있습니다. 이것이 가능한 이유는 서로의 내면에 배우자에 대한 정서적인 관계 지도가 잘 그려져 있기 때문입니다. 우리가 낯선 길을 갈 때는 어디에 뭐가 있는지 잘 모르지만 자주 가봐서 아는 길은 익숙하게 느끼는 것과 같습니다. 정서적인 관계 지도가 세밀하다는 것은 데이터가 많이 쌓여 있다는 뜻이고, 데이터가 많다는 것은 상대에 대한 관심이 많다는 의미입니다. 배우자가 화가 났거나 우울해하거나 낙담했을 때, 언제 어떤 일로 배우자의 감정이 상했는지, 어떤 특정한 감정 상태에 놓일 때 배우자가 실망을 하는지, 그럴 때 자신은 어떻게 말하고 행동해야 하는지 등등을 잘 파악하고 있습니다.

부부 애착이 잘 형성된 부부에게서만 발견되는 또 하나의 특징은 '상호신뢰감'이 강하다는 점입니다. 이런 부부들은 기본적으로 서로 가까이 있기를 원하지만, 멀리 떨어져 있어도 서로를 믿고 이해하기 때문에 불안해하지 않습니다. 서로가 정서적으로 단단하게 묶여 있기 때문에 물리적인 거리는 가볍게 뛰어넘습니다. 이것은 안정감이 밑바탕에 깔려 있다는 점에서 신뢰감이 결여된 상태에서 나타나는 무관심이나 해방감과는 결이 다릅니다.

'위로받고 존재감을 증명받고 싶은 대상'이 누구인지도 부부 애착의 정도를 가늠해볼 수 있는 중요한 잣대입니다. 부부 애착이 희미할 경우 괜한 긴장과 불안에 안정감을 갖기가 어렵습니다. 이럴 때 가장 많이 드러나는 양상이 자녀에 대한 과도한 집착입니다. 작은 일 하나에도 안절부절못하고 아이를 잡고, 자녀의 학업적 성취에 지나치게 집착합니다. 자녀에 대한 끊임없는 잔소리는 이같은 양육자의 불안으로부터 나타나기도 합니다.

반면 배우자와 정서적으로 단단하게 연결된 부부는 자녀의 일로 일희일비하는 일이 드뭅니다. 힘든 일도 기쁜 일도 부부가 함께 나누고 의논하며 현실에 발을 딛고 살아갑니다. 헛헛한 마음을 채우려고 자녀에게 관심을 쏟아 붓는 게 아니라 아이를 한 인간으로 존중하기에 진정 어린 관심을 보입니다. 자신과 배우자에게 관대하듯 자녀에게도 관대한 태도를 보입니다.

부부 애착이 잘 형성된 부부는 주고받는 대화의 질과 양에서도 일반적인 부부와 큰 차이가 있습니다. 대화를 통해 서로의 일상과 감정을 수시로 드나들며, 자신의 생각을 충분히 공을 들여서 설명합니다.

"좋은 대화란 말이 아니라 서로의 마음에 담긴 의미를 주고받는 것이다."

미국의 사상가이자 시인인 랄프 왈도 에머슨(Ralph Waldo Emerson)의 말을 일상적으로 실천합니다. 가령 아내는 토요일 점심 외식을 원하는데, 예상치 않게 남편에게 약속이 생긴 상황을 가정해봅시다.

"어쩌지, 해외주재원으로 있는 고등학교 동창이 모처럼 한국에 나왔어. 서로 시간을 맞추다가 토요일 점심밖에 안 되더라구. 일요일은 어때? 드라이브하러 교외에 갈까?"

아내는 이런 말을 들으면 어떤 마음이 들까요? 기분이 상할까요? 미안한 마음을 공들여 전하는 남편에게 화가 나지는 않을 겁니다. 오히려 아내는 주말 내내 외출해야 하는 남편을 걱정하고 배려하며 이렇게 말할 수 있습니다.

"당신이 일요일까지 외출하면 힘들잖아. 이번 주는 그냥 쉬고 다음 주말에 나가자."

이와 반대의 상황도 생각해봅시다. 토요일 점심에 외식하자는 아내에게 남편이 차갑게 쏘아붙입니다.

"내가 약속 있다고 했잖아! 사람 말을 귓등으로도 안 듣니?"

이런 말을 들으면 아내의 입장에서도 좋은 말이 나올 리 없습니다.

"무슨 약속인지 얘기 안 했잖아. 점심인지 저녁인지 말도 안 해놓고 왜 큰소리야?"

날 선 말들이 오가다가 결국 부부 싸움으로 이어집니다. 주말에 점심 한 끼 먹는 일로 이렇게까지 싸우냐고요? 애착이 형성되지 않았는데 상대의 기분을 헤아릴 필요가 있을까요. 내 감정이 상한 게 우선시 될 뿐, 자신을 배려하지 않는 상대에 대한 원망은 커질 수밖에 없습니다.

공격하는 아내, 도망가는 남편

"부부 애착이 잘 형성된 부부가 진짜 있다고요? 에이, 영화 아니에요?"

결혼생활을 잘 하고 있는 부부들의 이야기가 너무 이상적인 이야기로만 들리나요? 현실에는 없고 영화나 드라마에나 나오는 캐릭터 같다고요? 그렇지 않습니다. 사이가 나쁜 부부도 많지만 사이가 좋은 부부도 많습니다. 결혼만큼 아름답고 정겹고 매력적인 관계는 없다고 여기는 부부들이 생각보다 많습니다.

모두가 만족스러운 결혼생활을 하면 얼마나 좋을까요. 유감스럽게도 그렇지 못한 부부들을 자주 만나는 게 제 일입니다. 이들은 부부 애착이 없거나 희미해진 상태로 불안정한 결혼생활을 유지합니다. 부부 애착이 없는 부부들의 일상은 여러 가지 형태로 나타납니다. 그중 대표적인 것이 '회피형'입니다. 실제로는 그렇지 않지만, 배우자 없이도 잘 살 것 같은 사람, 같이 있어도 혼자 있는 것 같은 사람이 바로 이런 유형입니다. 이들은 배우자의 정서적인 신호에 무뎌져 있고, 배우자가 자신에게 의존하는 것에 불편함을 느낍니다. 심지어 배우자에게 향해 있어야 할 안테나의 스위치를 꺼둔 것처럼 보입니다. 간혹 배우자에게 부탁을 받거나 배우자의 불편함을 알아채도 어떻게든 피하려고 합니다.

"이럴 거면 혼자 살지, 왜 나랑 결혼했어?"

이런 말을 자주 듣는다면 회피형 배우자일 확률이 높습니다. 그런데 특이한 것은 이런 유형들은 자기 배우자에게는 무관심해도 타인과는 친밀감을 형성하려고 노력한다는 점입니다. 배우자는 타인보다 못하고, 타인을 더 가깝게 느끼면서 밖에서는 웃고 떠들어도 집에만 들어오면 입을 꾹 다물고 겉돕니다.

회피형과 반대로 배우자에게 집착하며 분노와 저항적인 행동을 보이는 유형도 있습니다. '불안형'입니다. 겉보기엔 부부 사이가 좋은 듯하지만 배우자의 일거수일투족을 예민하게 관찰하고 사소한 것에 화를 냅니다. 자신이 원하는 반응을 끌어내기 위해 신경전도 마다하지 않습니다. 때로는 과잉 밀착 행동을 하기도 합니다. 자신의 욕구가 충족되지 않으면 분노를 표출하고 저항하는 행동도 서슴지 않고, 배우자의 가족과 만나는 것도 싫어하고 배우자가 만나는 사람들에 대한 공격적인 말도 수시로 해댑니다.

실제 부부 관계에서는 회피형과 불안형이 복합적으로 나타나는 경우가 많습니다. 회피형 남편이 불안형 아내를 만나면 남편은 도망자가 되고 아내는 추적자가 됩니다. 갈등 상황에서 남편은 "나중에 얘기하자"며 자꾸 피하고, 아내는 "왜 자꾸 문제를 피하냐"며 집요하게 따집니다. 생각만 해도 진저리가 처진다고요? 이런 결혼생활을 하고 싶지 않다면 답은 하나입니다. 안정형 애착 관계를 형성하는 것입니다.

많은 부부가 부부 애착을 잘 형성하지 못하는 이유를 배우자에게서 찾지만, 원인은 자신에게 있을 수도 있습니다. 회피형이 된 데에도 불안형이 된 데에도 각자의 사연과 이유가 있습니다. 그 이유는 자신을 통찰하는 과정에서 나옵니다. 결혼생활의 뿌리는 부부 애착이지만, 그 뿌리를 만드는 구성 요소는 자신에게 있다는 것을 다시 한 번 강조하고 싶습니다.

웨딩 카는

두 명이

만석

결혼은 두 사람이 하는 것

한 사람의 인생을 놓고 보면 결혼은 입장이 바뀌는 일입니다. 누군가의 아들, 딸에서 한 사람의 남편, 아내로 다시 태어나는 순간이기 때문입니다. 혼인서약을 한 날부터 평생 배우자를 다른 누구보다 상석에 두기로 약속합니다. 부부 관계가 인생의 유일한 관계는 아니지만 결혼을 했다면 수많은 관계 중 가장 우선해야 할 관계임에는 분명합니다. 부부 관계를 먼저 단단하게 묶은 다음에야 아이를 키울 수 있고, 부모에게도 잘할 수 있습니다. 그러니 결혼을 했다면 자신의 에너지를 배우자에게 우선 연결하고, 부부 애착을 다지는 데 관심을 두어야 합니다.

결혼을 염두에 두고 있는 예비 신랑과 예비 신부에게 꼭 하는 말이 있습니다. '웨딩 카는 두 명이 만석', 즉 결혼은 두 사람이 하는 것입니다. 결혼의 당사자는 아내와 남편 오직 두 사람뿐이고 이들이 유일한 주인공입니다. 주인공이 있어야 할 자리에 다른 사람이 끼면 원하든 원하지 않든 일이 생기게 마련입니다. 주객이 전도되기도 하는데, 특히 결혼을 앞둔 자녀를 둔 부모라면 자녀를 존중하고 더욱더 조심하는 마음을 갖추어야 합니다. "내 자식인데 내 마음대로 못 하나요?"라고 묻는다면 제 대답은 이렇습니다.

"네. 마음대로 못 합니다."

혹 부모가 자녀에게 경제적 지원을 해주었다 해도 그것은 엄연히 부모의 욕구에 해당합니다. 본인 마음 편하자고 입김 좀 넣어보려는 심사일 수 있습니다.

일단 결혼을 했으면, 나를 낳아준 부모조차 낄 수 없는 자리라는 것을 명백히 해야 합니다. 부모가 자녀의 결혼생활에 끼려고 하면 할수록 자녀 부부의 결혼생활은 파탄이 날 수밖에 없습니다. 앞에서도 여러 번 강조했지만, 부모를 끼워서 결혼생활을 하려는 생각, 부모에게 효도할 파트너를 찾으려는 생각을 해서는 안 됩니다. 이건 '너 죽고 나 죽자'는 식으로 배우자와 함께 불구덩이로 뛰어드는 것과 같습니다.

결혼 후 첫 3년은 부부 애착을 형성하는 데 있어 무척 중요한 기간입니다. 임신한 엄마가 아기를 위해 태교를 하듯 결혼에도 태교 기간이 필요합니다. 결혼 초기 3년은 부부가 서로에게 집중하며 단단하고 끈끈한 부부 애착을 형성하기 위해 보호받아야 하는 시간입니다. 건강한 아기가 태어나도록 주변 사람들이 임산부를 보호하고 배려하는 것처럼 말입니다. 엄마와 아이는 생물학적 본능에 의해 자연스럽게 애착 관계가 형성되지만, 부부는 두 명의 타인이 만나 형성한 관계입니다. 사랑이라는 감정에 의지해 혈육 이상의 관계를 유지해야 합니다. 그렇기에 상대에게 마음의 에너지를 내야 합니다.

부부가 둘 사이의 애착을 형성하기도 버거운데 결혼 당사자도 아닌 사람들이 혈육이라는 이름으로 "오라, 가라, 뭐했냐? 뭐하나?"라고 지속적으로 간섭하고 과도한 관심을 보인다면 부부를 못살게 구는 것과 다를 바 없습니다. 부부 입장에서도 자신들의 결혼생활에 다른 사람들이 계속 끼어든다면, 합심해서 서로를 보호하고 지켜야 합니다. 착한 부부가 되거나 착한 부부인 척하는 것은 금물입니다. 이렇게까지 강력하게 말하는 이유는 어떠한 경우에도 부부가 함께 상의하고 결정해야 하기 때문입니다. 외부의 간섭과 요청에 휘둘리지 말고 단단해지는 계기를 계속 만들면서 말입니다.

예를 들어 "주말에 와라, 국수 말아서 같이 먹자"라고 부모님이 요청하면, 우선 "아내(남편)와 상의해볼게요"라고 말하고 시간을 확보합니다. 그리고 부부가 상의해 결정합니다. 만약 부부 사이에 선약이 있었다면 부모님께 알립니다.

"저희도 쉬는 시간이 필요해서 어렵겠어요. 두 분이 국수 맛있게 드세요."

이때 미안해하면서 저자세로 알리는 것보다 의연하게 말씀드리는 게 좋습니다. 만약 부모님이 상당히 실망하면서 언제 얼굴 보냐는 등 불만을 토로한다면 "나중에 더 반갑게 뵐게요"라는 식으로 가볍게 이야기합니다. 혹 죄책감이 느껴진다면 부모와 자녀 간의 신뢰 레벨을 체크해보기 바랍니다. 서로 신뢰하는 부모와 자녀는 이렇게 대화합니다.

"그래, 잘 다녀와라. 그리고 우리한테도 시간 좀 내줘라. 너희들 보고 싶다."

"예, 저희도 뵙고 싶어요. 다음 기회에 뵈요."

양쪽 다 편하게 지낼 수 있을뿐더러 나중에 더 반갑게 만날 수 있습니다. 이처럼 단단한 신뢰를 바탕으로 이루어진 관계는 상대의 요청을 거절해도 문제가 생기지 않습니다. 받아들일 수 있다면 받아들이고, 그렇지 않다면 정중히 거절하면 됩니다.

육아도 효도도, 부부 애착 다음이다

배우자의 의사와 상관없이 시가, 혹은 처가에 잘하려는 태도는 '부부 우선주의'에 반하는 대표적인 행동입니다. 겉으로는 부부간에 효도에 대한 가치관이 대립하는 것처럼 보이지만, 이런 행동의 이면에는 상대의 마음을 돌보지 않는 마음이 배어 있습니다. 즉 배우자 우선순위가 아니라 배우자 후순위로, 부부 사이에서 가장 중요한 정서적인 교감이 빠져 있는 겁니다.

아내가 그다지 원하지 않는데도 처가에 잘하는 남편은 어떨까요? 세상에, 그런 남자가 어디 있냐며 박수를 보내고 싶나요?

"내가 이렇게 처가에 잘하는데, 당신은 뭐가 불만이야?"

만약 그가 '사위로서의 예의와 도리'만을 강조하며 이렇게 불평불만을 늘어놓았다면, 그는 자신의 역할에만 집중한 채 자신의 약한 존재감과 인정욕구를 해결하기 위해 한 행동이라 볼 수 있습니다.

남편은 정작 자신이 가장 먼저 했어야 할 일, 바로 아내의 마음을 돌보는 일은 잊고 있습니다. 처가에 예의를 차리는 게 중요한 게 아닙니다. 친정과 거리를 두려는 아내의 마음, 그리고 그곳에 자리한 상처가 무엇인지를 먼저 들여다보고 헤아려야 합니다. 아마도 아내는 친정을 멀리할 수밖에 없는 이유를 남편에게 여러 차례 이야기했을 겁니다. 그런데도 남편은 아내의 힘든 마음을 받아주고 존중하기보다 자신이 처가에서 존재감을 확인받는 것이 더 중요했던 겁니다. '공감'은 상대에 대한 존중이 바탕이 되어야 합니다. 자신은 남들에게 괜찮은 사위, 예의 바른 사위로 칭찬을 받을지언정 아내는 남편의 행동으로 인해 좌절감과 소외감을 느낀다면, 이건 도대체 누굴 위한 걸까요?

남편이 원하지 않는데도 시가에 헌신하는 아내의 경우도 마찬가지입니다. 자신의 에너지를 잘못된 곳에 쓰고 있는 겁니다. 남편과 애착 관계가 부족할 경우 시가에서 받는 인정으로 부족한 부부 애착을 회복하려는 의도가 깔려 있습니다. 하지만 이런 경우 남편이 고마워할까요? 감사의 마음을 품기는커녕 가족 내에서 자신의 위치를 찾지 못하고 흔들립니다. 어쩌면 이들은 결혼을 수단으로 삼은 건지도 모릅니다. 배우자와 함께하기 위해서가 아니라 자기 내면의 문제를 해결하기 위해서 가족을 활용하기도 합니다. 자신의 존재감을 드러내서 좋은 사위, 좋은 며느리라는 타이틀을 얻고 싶었던 건 아닐까요?

하지만 결혼은 그러려고 하는 게 아닙니다. 누군가의 며느리나 사위가 되기 위해 결혼하고 싶은 사람이 있나요? 결혼은 나와 배우자의 삶을 풍요롭게 만들기 위해서 하는 겁니다. 같이 대화를 나누고 오래도록 신나게 놀 짝을 찾고, 평생 내 편을 들어주고, 내가 얼마나 사랑스럽고 가치 있는 존재인지를 알려주며, 내 심정을 알아줄 파트너를 상호적으로 찾는 일입니다. 나를 지지해주는 누군가가 있다는 믿음은 살면서 평생토록 큰 힘이 됩니다. 서로 애착을 쌓으려고 노력하는 것 자체만으로도 행복하고 충만한 결혼생활을 할 수 있습니다.

고부 갈등을

한꺼풀 벗겨내면

보이는 것

부부 관계의 당사자는 오직 부부

우리나라에서 행복한 결혼은 불가능하다고 주장하는 분들을 참 많이 봅니다. 이유를 물어보면 '시월드'가 없어지지 않는 한 부부 중심으로 살아가기 어렵다는 것입니다. 각자의 가족으로부터 독립해 새로운 가족을 이루는 게 아니라 여성이 남성의 가족으로 편입된다고 생각하기 때문입니다. 오죽하면 고부 갈등이 가정을 망치고 사회를 병들게 하는 주범이라고까지 할까요.

수많은 부부 갈등 원인 중 압도적인 1위를 차지하는 고부 갈등은 당사자 부부뿐만 아니라 가족 구성원 모두의 삶을 송두리째 흔듭니다. 더 나아가 심리적인 유산이 되어 다음 세대에까지 고스란히 전달됩니다. 안타깝게도 부모나 친척, 친구들로부터 고부 갈등을 대리 학습한 여성들이 결혼에 대해 부정적인 인식을 갖게 되었습니다. 이로 인해 결혼의 진정한 의미를 고민해보기도 전에 결혼을 기피하는 현상마저 생겼습니다. 그럴 만하다고 생각합니다. 할머니와 어머니의 갈등을 가까이에서 지켜보고, 부모님 사이의 균열과 싸움을 경험했다면 결혼에 진저리가 쳐질 만도 합니다. 부모님들의 가치관과 태도가 쉽게 바뀌지 않으리라는 것도 잘 알고 있으니 말입니다.

그런데 고부 갈등이 부부 갈등의 근본 원인일까요? 고부 갈등은 밖으로 드러나는 현상일 뿐 실제 갈등의 원인은 당사자인 부부에게 있습니다. 근본 원인을 찾으면 의외로 쉽게 문제 해결의 실마리도 발견할 수 있습니다. 실제 저는 부부상담에서 고부 갈등을 인정하지 않습니다. 고부 갈등은 부모님 부부의 갈등과 자녀 부부의 갈등이 만들어낸 합작품일 뿐입니다. 부부 문제는 원칙적으로 부부에게 있습니다. 가정 내에서 벌어지는 모든 문제의 핵심은 부부 중심 관점으로 시작하며 부부 중심으로 문제를 풀어야 합니다.

고부 갈등 이면에 깔려 있는 소외감과 외로움

현숙 씨는 이혼하기 직전, 마지막 지푸라기라도 잡는 심정으로 힘겹게 상담실의 문을 두드렸습니다. 이미 남편으로부터 이혼을 통보받은 상태였지만, 올망졸망한 아이들을 두고 차마 이혼만은 할 수 없어 절박한 마음으로 저를 찾아왔습니다. 그녀의 이야기를 통해 드러난 가장 큰 문제는 시가와의 갈등이었습니다. 결혼 초부터 이 문제로 남편과 싸움이 끊이지 않았고, 결국 이혼 얘기가 오가는 지경에 이르렀습니다. 그녀의 가장 큰 불만은 부부를 대하는 시부모님의 태도였습니다.

"다른 형제가 있는데도 유독 남편에게만 집안의 온갖 궂은일을 시켜요. 남편을 종 부리듯 대하면서도 고마워하기는커녕 당연하게 여깁니다."

자식을 종 부리듯 했으니 며느리에게는 오죽했을까요. 부모가 자식을 함부로 대하니 작은아버지나 고모 등 집안 어른들도 같은 태도를 보였습니다. 이미 성인이 된 자신들의 자녀들이 버젓이 있음에도 불구하고 현숙 씨 남편에게 궂은일을 시키는 어이없는 상황이 종종 벌어졌습니다. 현숙 씨 입장에선 며느리인 자신을 무시하는 태도도 납득되지 않았지만, 남편과 아이들에게조차 함부로 대하는 시부모님에게 생글생글 웃어 보이는 좋은 며느리가 될 수는 없었습니다.

그녀의 입장도 충분히 이해가 되었지만 한쪽 방향에서만 문제를 바라보려니 한계가 있었습니다. 남편 이야기를 들어보고 싶었지만 남편은 상담에 비협조적이었습니다. 자신이 아내에게 원하는 것은 부모님에게 아주 기본적인 예의만이라도 차려달라는 것인데, 시가에만 다녀오면 잔뜩 부은 얼굴로 불평불만을 늘어놓으니 본인도 힘들어서 더 이상 결혼생활을 유지하고 싶지 않다는 것이었습니다.

그러다 이혼이 현실이 되려는 순간, 남편 철우 씨가 상담실을 찾아왔습니다. 이혼이라는 위기 앞에서 마지막으로 할 말이라도 하자 싶었는지 진솔하게 마음을 털어놓았습니다. 그에게도 아내에게서 채워지지 않는 결핍이 있었습니다. 오랜 망설임 끝에 토해내듯 꺼낸 그의 한 마디를 듣고 저는 속으로 쾌재를 불렀습니다. 고부 갈등 이면에 숨겨진 부부 갈등의 진짜 원인을 찾았기 때문입니다. 원인은 바로 그가 느껴온 외로움과 소외감이었습니다.

"결혼하고 나서 단 한 번도 아내에게 인정을 받은 적이 없어요. 아내 앞에서 늘 위축되었습니다. 때로 제가 아무것도 아닌 것처럼 느껴질 때가 있어요."

그의 내면에는 그 누구도 눈치 채지 못한 '훼손된 존재감'이 자리하고 있었습니다. 자신을 인정해주지 않는 부모 때문에 늘 주눅이 들어 있었는데, 결혼 후에도 아내로부터 똑같은 대우를 받자 차라리 이혼을 하고 싶을 만큼 커다란 회의감을 느꼈던 겁니다.

여기에 오류적 판단이 있습니다. 정말 공격하고 싶은 대상은 부모님이었을 겁니다. 그런데 부모에게 그렇게 하기가 주저되고 죄책감이 큰데다 사회적으로 용납되지 않으니, 차라리 이 모든 누적된 감정을 상대적으로 편한 아내에게 다 뒤집어 씌워버리는 일이 생긴 것입니다. 다시 말해 스스로를 공격하는 잘못된 방법을 선택한 것입니다. 이혼을 해 자기 삶에 큰 상처를 내기라도 해야겠다는 식입니다.

부부상담을 통해 솔직하게 자신의 이야기를 털어놓은 그는 전문적인 분석을 통해 큰 통찰에 이르렀습니다. 아내 또한 남편을 깊게 이해하게 되면서 앞으로 두 사람이 어떻게 연결되어야 하는지 인지하고 새로운 관계의 필요성에 대해 실감했습니다. 그동안 두 사람의 관계가 왜 이렇게 흘러왔는지에 대한 섬세한 분석과 통찰은 부부를 놀라운 변화로 이끌었습니다. 상담이 끝나갈 무렵, 두 사람은 상대의 상처와 결핍에 공감하며 서로를 부둥켜안고 뜨거운 눈물을 흘렸습니다. 당연히 이혼은 하지 않기로 했습니다. 각자의 내면에서 역동을 통찰하고 나니 자신이 새롭게 보이고 동시에 상대도 다르게 보였던 겁니다.

부부상담은 필수적으로 자신에 대한 이해가 우선되어야 합니다. 그 이후에 서로를 이해하는 과정을 거치면 부부 애착이 서로의 마음에 뿌리를 내립니다. 진정한 부부라는 나무로 성장하게 되는 겁니다. 그러나 이들의 이야기는 여기에서 끝나지 않습니다. 드라마틱한 2막이 시작됩니다.

갈등의 뿌리는 예외 없이 부부 애착의 부재

현숙 씨는 시부모와 자신 앞에서 주눅이 들 수밖에 없었던 남편의 상처와 결핍을 깊이 들여다보았습니다. 철우 씨는 자신이 그토록 본가에 충성했던 이유가 존재감과 인정욕구의 결핍에서 비롯되었다는 걸 깨닫고, 자신과 부모님 때문에 힘들었을 아내의 마음에 공감하기 시작했습니다.

"부모님 때문에 아내가 상처를 참 많이 받았어요. 누구보다 제가 힘들어하는 아내의 마음을 잘 챙겼어야 했는데, 그 역할을 제대로 하지 못했던 것 같아요. 어리석었던 지난날의 제가 너무 후회됩니다. 앞으로 아내를 더 사랑하고 함께 잘 살고 싶어요."

그리고 이 말을 실천하기 시작했습니다. 어느 날 부부가 함께 있는데 작은아버지에게 연락이 왔습니다. 작은아버지는 여느 때처럼 철우 씨에게 명령조로 말했습니다. 고속버스터미널에 가서 지방에서 올라오는 택배를 찾아 자신의 집에 갖다놓으라는 것이었습니다. 예전 같았으면 "예~예" 하며 바로 달려 나갔을 철우 씨가 차분하고 의연한 어조로 대답했습니다.

"작은아버지, 직접 하시거나 조카를 시키세요."

옆에서 대화를 듣고 있던 현숙 씨가 말없이 남편을 안아주었습니다. 절대 변하지 않을 것만 같던 남편이 전혀 다른 사람처럼 보였고, 노력하는 모습에 가슴이 벅찼습니다.

그렇게 부부는 몇 년 동안 쌓였던 앙금을 싹 걷어냈습니다. 데면데면하던 태도도 달라졌습니다. 자주 손을 잡고 포옹을 했습니다. 서로가 서로에게 세상에서 가장 소중한 존재임을 비로소 알게 된 겁니다. 그렇게 성장을 위한 첫걸음을 내디뎠습니다. 마지막 상담을 하던 날은 제게도 깊은 감동으로 남아 있습니다. 두 사람은 서로의 눈물을 닦아주며 오랫동안 마주 보았습니다.

"당신이 얼마나 예쁜데…. 당신 처음 봤을 때 정말 내 눈엔 당신만 보였어. 그렇게 당신이 너무 좋았고 세상에서 제일 예쁘더라고. 당신을 놓치면 안 된다는 절박함과 간절함이 지금 생각해보면 당신에 대한 내 첫 마음이고 끝 마음인데, 최근에 그런 내 마음이 나한테 다시 돌아와 있더라. 나도 놀라고 정말 기뻤어. 정신없이 애들 챙기느라 당신 늘 같은 옷만 입고 다니잖아. 상담 끝나고 매장에 가서 당신 옷 몇 벌 사자."

"아니야. 출근하는 건 당신이지. 난 집에서 애들 보고 마트 다니는 게 다잖아. 내가 무슨 옷이 필요해. 사려면 당신 셔츠나 더 사자."

결론은 함께 기뻐하고 서로의 마음을 편하게 해주기 위해 부부가 같이 옷을 사고 선물하기로 했습니다. 잔잔하면서도 힘있고 자생력이 느껴지는 부부의 대화를 들으며 제 가슴이 다 벅찼습니다. 그렇게 부부에게 동화되어 저도 함께 웃으며 울었습니다. 어떤 드라마보다도 감동적이고 따듯한 장면이었습니다.

"오늘은 두 분이 정서적으로 결혼한 첫 날입니다. 이제야 제대로 결혼을 했네요. 축하합니다~!"

결혼의 주체는 부부 당사자 둘뿐입니다. 부부 생활은 전적으로 부부 중심이 되어야 하고, 부부 에너지의 90퍼센트 이상은 배우자를 위해 써야 합니다. 배우자와 더 행복하게 지낼 방법을 열심히 찾아야 합니다. 기쁨과 도전, 축제가 도처에 기다리고 있는 결혼이라는 긴 여정을 함께할 배우자를 위해 여러분의 에너지를 아낌없이 써야 합니다.

단단한 애착 관계로 잘 연합되어 있는 부부는 고부 갈등조차도 지혜롭게 풀어나갈 수 있습니다. 정말 사랑하고 인 정받아야 하는 대상은 부모도 아니고 심지어 자녀도 아닙니 다. 평생 당신의 편을 들어줄 세상의 단 한 사람, 당신의 배우 자입니다.

부부 애착이 단단하게 자리 잡으면 양가 부모님의 과도한 요구도 적절하게 대응하며, 비난받거나 죄책감 등으로 공격 받아도 쉽게 흔들리지 않습니다. 이것이 올바른 부부의 모 습입니다. 부부 두 사람이 단단하게 합심하여 잘 살면 강압 적인 부모도 조심스러운 태도를 보일 수밖에 없습니다. 어 떠한 부모도 자식을 안 보고 살 자신은 없을 겁니다. 주관 없 이 착한 사람으로만 살면 곤란한 일을 더 많이 겪듯, 부부 애 착 없이 물렁하게 착한 부부로 살면 여기저기 휘둘리고 맙 니다. 건강한 부부 애착만이 이 시대의 부부가 살 길입니다.

변화의 시작은

언제나

나부터

관계의 기초는 나부터 변화하기

살면서 참 떨치기 어려운 유혹이 있습니다. 자신은 천사나 희생자처럼 미화하면서 배우자를 악마로 만들려는 습성입니다. 이 유혹을 이기지 못하고 틈만 나면 다른 사람들 앞에서 배우자를 웃음거리로 만들고, 양가 어른들을 세상 뻔뻔한 사람들로 폄훼합니다. 안타깝게도 배우자를 최저점에 위치시킴으로써 자신을 최고점에 올려 세울 수 있다고 믿습니다. 이런 비열한 작전이 과연 성공할 수 있을까요? 저는 거의 실패한다고 봅니다. 왜냐하면 자신과 비슷한 수준의 사람을 배우자로 선택하기 때문입니다. 배우자가 초라하다면, 그 자신도 그다지 반짝이는 사람은 아닐 겁니다.

갈등의 원인을 상대에게 돌리는 것은 가장 쉬운 선택이지만, 사실은 해결에 이르는 가장 먼 길을 선택한 것입니다. 왜냐하면 배우자에게 느끼는 불만의 원인이 바로 본인 내면에 도사리고 있기 때문입니다. 더 나아가 갈등을 일으키는 배우자의 가치관과 태도에 암묵적으로 동조하는 경우도 있습니다. 가부장적인 남편으로 인해 부부 갈등을 겪은 영화 씨의 이야기는 자신의 내면에 남편보다 몇 배나 더 강한 가부장적인 사고가 자리하고 있었음을 깨달은 사례입니다.

그녀는 시가와의 갈등으로 남편과의 싸움이 끊일 날이 없었습니다.

"시댁에만 다녀오면 부부 싸움을 해요. '시'자만 들어도 정말 지긋지긋해요."

결혼생활 내내 차곡차곡 쌓인 불만이 터지기 일보 직전이었는데, 부부 싸움의 원인을 남편 탓으로 돌렸습니다.

"시아버지가 저에게 막말을 해도 남편은 무조건 참으라고만 해요."

그녀의 말에 남편 경호 씨가 이렇게 받아쳤습니다.

"그럼 아버지를 이겨? 아랫사람이 참고 희생해야지."

경호 씨는 가부장적인 사고가 강한 듯 보였습니다.

그녀가 상담실을 찾아온 날도 시가에 다녀와 남편과 크게 싸운 뒤였습니다. 자존심이 상할 대로 상한 그녀가 안방 침대 위에서 울고 있는데 남편이 평소보다 더 자신을 몰아붙였다고 합니다.

"당신은 성격이 글러먹었어. 어른도 공경할 줄 모르는 게 무슨 남을 가르쳐? 위선자지. 정말 끔찍하다. 가증스러워!"

내가 바뀌지 않으면 부부 관계는 절대 성장할 수 없다

남편의 심한 말에만 초점을 맞추면 문제가 해결되지 않습니다. 더 중요한 것은 남편 스스로 자신이 무엇을 놓치고 있는지 모르고 있다는 점입니다.

남편에게 아내는 한 번도 우선순위인 적이 없습니다. 남편은 아내에게 인내와 희생을 강요했고, 그것을 너무나 당연하게 여겼습니다. 자신조차 우선순위에 둔 적 없는 이런 사람들은 인내하고 양보하고 희생하는 쪽이 자신이어야 한다는 생각이 뿌리 깊게 박혀 있습니다. 자기 아버지의 노기 어린 심정은 이해하면서도 아내의 입장은 아랑곳하지 않습니다.

"도대체 어떻게 해야 남편이 생각을 바꿀까요? 도저히 방법을 모르겠어요."

한숨을 쉬는 영화 씨에게 제가 할 말은 이미 정해져 있었습니다.

"남편을 달라지게 하려면, 영화 씨가 먼저 달라져야 합니다."

아이러니한 일이지만 결혼생활에서 남편의 가부장적인 사고와 태도는 아내의 협조가 있어야만 실행되고 유지됩니다. 남편의 무리한 요구를 들어주는 과정에서 쌓인 불만이 부부 갈등의 원인이 됩니다. 이 경우 아내의 내면에 남편보다 몇 배나 더 심한 가부장적인 사고와 태도가 자리하고 있을 가능성이 큽니다. 그리고 그것은 대개 친정 부모님의 영향으로 형성되었을 겁니다.

그런 가부장적인 사고를 갖고 결혼에 뛰어들었으니 영화 씨는 자신도 모르는 사이 시아버지에게 잘하면 남편의 사랑을 받을 수 있을 거라는 기대를 품게 되었을 겁니다. 당사자인 남편과의 관계를 최우선으로 생각하기 전에 시아버지의 말씀을 따르고 시아버지의 사랑을 통해 남편과의 관계를 보장받으려고 했던 것입니다.

부부 갈등을 해결하고 싶다면 이런 생각을 버려야 합니다. 내 안에 숨어 있는 가부장적인 사고와 태도를 깨고 나와 건강한 주권자가 되어야 합니다. 자신을 함부로 대하는 시아버지에게 잘 보이려고 노력할 필요가 없습니다. 자신의 삶을 풍요롭게 하기 위해 결혼을 선택한 것이지, 시아버지에게 잘 보이기 위해 결혼한 것이 아닙니다. 궁극적으로 자기 통찰을 한 후 남편과 동등한 입장에서 부부 애착을 다지는 것이 중요합니다.

상담을 한 이후부터 영화 씨는 더이상 무조건적인 복종과 희생을 강요하는 남편의 태도에 호응하지 않았습니다. 무슨 일이 생겼을까요? 뭔가 큰일이 벌어졌을 것 같지만 실제로는 그렇지 않았습니다. 부부 싸움이 일어날 수도 있었지만 그조차 영화 씨가 크게 대응하지 않았습니다. 이미 그녀 입장에서는 결정을 했기 때문입니다. 남편이 볼멘 목소리로 위협하고 시아버지한테 어쩌려고 그러느냐, 불호령이 떨어질 거라며 겁을 줘도 끄떡하지 않았습니다. 이런 변화의 핵심에는 아내 스스로 남편과의 관계도 어려운데 시아버지가 무슨 의미냐고 생각하게 된 점이 크게 자리 잡고 있었습니다. 가부장적인 사고를 접고, 자신에게 중심을 두면서 벌어진 일입니다.

얼마 지나지 않아 경호 씨가 상담실을 찾아왔습니다. 불평불만을 할지언정 그래도 자신의 뜻대로 움직여주던 아내가 돌변하니 불편하고 불안해진 겁니다. 아내의 변화에 크게 당황하면서도 절대 이혼할 생각은 없다고 못 박았습니다. 가부장적인 사고를 가진 남성들에게 이혼은 매우 큰일입니다. 이혼을 해봐야 득이 될 게 없어서이기도 하지만 자신의 가치관과 신념 체계에는 이혼이 없기 때문입니다. 결국 그는 현실을 깨닫고 체념 아닌 체념을 해야 했습니다. 아버지의 불호령은 자신이 홀로 감당해야 할 몫이며, 자신이 바뀌어야만 결혼생활을 유지할 수 있다는 점을 깨달은 것입니다.

문제를 탐색하는 것만으로도 절반은 해결된다

경호 씨는 가부장적인 아버지에게 눌려 기를 못 펴고 살았습니다. 집안에서 중요한 사람으로 존중받은 기억이 거의 없었습니다. 갈등을 피하기 위해 모든 일을 알아서 했고, 본인이 손해를 보는 행동도 감내했습니다. 자신을 주장하며 살지 않았기에 아내마저도 순종적이길 바랐습니다.

일찍 돌아가신 어머니의 빈자리를 이야기하며 어린 시절 자신의 외롭고 쓸쓸한 감정을 펼쳐보였습니다. 자신의 내면을 들여다보며 마음 깊이 숨어 있던 자신을 반복적으로 만났습니다. 내면에 자리한 헛헛함과 외로움의 욕구를 깨닫게 되자 그동안 보지 못했던 아내의 존재와 욕구도 보이기 시작했습니다. 자신이 제대로 보이고 느껴지니 자연스럽게 아내의 심정도 이해하게 되었습니다. 나만큼 아내도 외로웠겠구나, 나만큼 아내도 삶의 보람이 없었겠구나, 내가 아내의 정서를 방치했구나, 내가 내 발등을 찍었구나. 자신만큼이나 한없이 외롭고 쓸쓸했을 아내의 빈 가슴이 느껴지자 그는 굵은 눈물을 뚝뚝 흘렸습니다.

상담을 통해 아내에게 변화가 생기자 뒤이어 남편에게 변화가 찾아왔고 드디어 부부가 진심으로 연결되는 기회를 만났습니다. 부부상담을 하면서 독하게 자존심을 세우고 고집스럽게 아내를 질타하던 남편은 아내를 대하던 자신의 모습이 결국 스스로가 자신을 대하는 태도였다는 것을 인정하고 그 사실을 고백했습니다.

"당신이 이런 이야기를 나한테 하는 날이 올 줄이야… 꿈만 같아요. 믿어지지가 않아요. 이렇게 용기 있고 멋있는 사람이라는 걸 왜 이제 알았을까요. 시간이 너무 아까워요."

영화 씨는 눈물 지으며 이렇게 말했습니다.

두 사람은 사랑해서 결혼했습니다. 그런데 언제부터인가 잘 보이지도 않는 불투명하고 두꺼운 안경을 쓴 채 서로를 보고 있었습니다. 이제는 맑고 투명한 안경을 새로 마련했으니 이보다 더 축하할 일이 또 있을까요. 두 사람이 화해의 눈물을 진하게 흘린 이날이야말로 진짜 결혼의 첫 날처럼 느껴졌습니다. 저도 마음이 뭉클해져서 "결혼을 축하합니다~!"라고 말했습니다. 부부상담을 하면서 가장 보람되고 가치있는 시간입니다.

부부 문제가 해결되었으니 시아버지 문제를 살펴볼까요? 고압적인 태도로 당신의 존재감을 자녀 부부에게서 찾고자 했던 시아버지는 부부에게 본질이 아닙니다. 부부에게 절대 본질은 '우리 부부'입니다. 영화 씨는 남편과 상의하여 시아버지를 응대하는 방식을 나름 정했습니다. 예를 들어 첫째, 그냥 웃을 것. 둘째, 그러시냐고 할 것. 셋째, 시아버지의 분노를 시아버지가 지닌 고조된 불안으로만 이해할 것. 이렇게 정리하니 마음이 한결 홀가분해졌습니다.

어떤 이유로든 부부 싸움은 피할 수 없습니다. 그때마다 상대를 탓하기만 할 건가요? 행복하고 건강한 가정 안에서 자녀를 안정적으로 키우고 싶다면 시시비비를 가릴 게 아니라 왜 그런 상황이 벌어졌는지 자신부터 탐색해야 합니다. 부부상담이 성공한 경우, 예외 없이 거쳐간 과정이 있습니다. 본인 스스로 변해야 부부 관계도 변한다는 것입니다. 부부 관계를 성장시키는 기본 중의 기본은 나'부터' 변하는 것입니다. 상대방'만' 바뀌거나 나'만' 바뀌어서는 문제의 본질을 해결할 수 없습니다.

누가 먼저 변하는 게 좋을까요? 먼저 답답함을 느끼는 사람이 시작하면 됩니다. 문제를 만드는 자신의 요인이 무엇이었는지를 탐색하는 것만으로도 문제의 절반은 해결된 것이나 마찬가지입니다.

　장담하건대, 자신이 먼저 변하면 갈등을 해결하는 데 오랜 시간이 걸리지 않습니다. 지금의 나는 지난 삶의 모든 경험의 총체적인 결과물입니다. 과거의 나와 용감하게 마주하고, 상대의 과거까지 보듬어줄 수 있다면 더 나은 현재의 삶을 누릴 수 있습니다. 그리고 결혼이 여러분을 그 길로 안내해줄 것입니다.

결혼의 결정권을

타자에게 주는 건

인생의 주도권을 포기한 것이다

효도 코스프레는 변명으로도 구차하다

"부모님 때문에 제 인생이 꼬였어요."

결혼한 지 2년 차인 영애 씨는 부모님에 대한 원망을 한참 늘어놓았습니다. 사연을 들으니 안타까웠지만 솔직히 한숨이 나왔습니다. 부모의 성화에 못 이겨 소개로 만난 남성과 서둘러 결혼했고, 결혼 초기부터 서로 마음이 맞지 않아 혼인신고도 하지 않은 상태였습니다. 급하게 결혼을 서두른 것은 남동생의 결혼 때문이었습니다. 5년이 넘도록 장기 연애 중이던 남동생의 결혼을 부모가 반대했던 겁니다. 단지 누나보다 동생이 먼저 결혼해서는 안 된다는 이유로 말입니다. 말도 안 되는 이유로 딸의 결혼을 밀어붙인 부모의 낡은 사고방식도 문제였지만, 자신의 인생에서 가장 중대한 전환점일 수도 있는 결혼의 선택권을 부모에게 너무 쉽게 넘겨주다니, 치기 어린 짓으로 돌리기엔 폐해가 막심했습니다.

도피를 위해 결혼을 선택하는 것만큼이나 위험한 결혼이, 바로 누군가에게 떠밀려서 하거나 상대방의 의사에 반해 떼써서 하는 결혼입니다. 생전에 자식 결혼하는 모습을 보고 죽는 게 소원이라는 부모 때문에, 동생 결혼을 막아서는 민폐 누나 소리를 듣지 않으려고 준비 운동도 채 마치지 않은 커플들이 결혼이라는 풍랑 속으로 뛰어듭니다. 심지어 은퇴전에 결혼식을 올려야 한다고 재촉하는 부모의 성화에 못이겨 숙제하듯 결혼을 해치우기도 합니다. 부모가 현직에 있어야 축의금을 더 많이 거둬들일 수 있다는 계산 때문인데, 자식에게는 일생일대의 중대사인 결혼이 부모에게는 비즈니스로 전락한 한심한 순간입니다.

"이렇게 살 바에야 이혼하는 게 낫지 않을까요?"

영애 씨는 발전적이지 않고 현실에 안주하는 남편에게 애정을 느끼지 못하겠다며 이렇게 물었습니다. 남편의 무기력한 태도와 무능력이 부부 갈등의 실제 원인인지, 남편에게 마음이 가지 않으니 남편의 일거수일투족이 밉게 보이는 것인지 아직은 판단하기 어려웠습니다. 개인의 가치관과 삶을 대하는 태도는 결혼을 결정하기에 앞서 충분히 맞춰봤어야 하는 내용인데 서둘러 결혼하느라 서로를 탐색할 시간이 절대적으로 부족했던 겁니다.

결혼은 학교에서 번호 순서대로 짝을 맞추듯 정할 수 있는 게 아닙니다. 평생 한 팀이 되어 살아갈 수 있는지를 가늠하는 것만으로도 버거운 일입니다. 결혼을 결정하기에 앞서 둘이 맞춰봐야 할 것도 산더미인데, 양가 부모까지 참견하면 문제가 복잡해집니다. 부모님 입김이 작용하기 시작하면 그때부터 결혼은 왜곡되어 버립니다. 등 떠밀려서 결혼한 후 만족스럽지 못한 결혼생활에 힘들어하는 커플들을 보면 관계가 삐걱거릴 때마다 늘 회귀하는 지점이 있습니다.

"부모님이 원한 '그때', 결혼하지 않았더라면…."

"당신이 '그때' 결혼을 서두르지만 않았어도…."

이런 말을 습관적으로 하는 당신은, 그때, 어디에 있었나요? 효도하고 싶었다는 변명은 "스톱!"입니다. 변명으로 삼기에도 너무 구차합니다. 당시에는 효도한 것일 수 있지만, 결과적으로 자신의 불행한 결혼생활로 인해 오히려 부모의 마음에 더 큰 아픔을 남긴 것입니다. 결혼 적령기나 부모에게 효도해야 할 타이밍 같은 것은 세상에 없습니다. 결혼을 고민할 때 가장 우선해서 고려해야 할 것은 자신의 마음입니다. 나의 애정입니다. 자기 삶의 리듬에서 결혼이 필요하다는 자각이 들 때 결혼을 결정하면 됩니다.

더 많이 소통하고 보듬어줘야 할 혼전 임신

그런데 간혹 그런 자각이 들기도 전에 결혼이라는 상황과 맞닥뜨리는 일이 생기기도 합니다. 혼전임신이 바로 그런 경우입니다. 물론 서로가 결혼을 약속한 단계에서 조금 일찍 축복의 선물이 찾아온 거라면 박수 치고 환영할 일입니다. 하지만 상대가 평생의 반려자인지 탐색을 채 마치기도 전, 새로운 탄생으로 갑자기 부모가 되어 결혼하게 된 커플에게는 당황스러운 일이 아닐 수 없습니다. 이 경우 서로의 사랑에 좀 더 많은 에너지를 들이고 있는 쪽은 마음의 여유가 생길 것이고, 다른 한쪽은 오묘한 감정에 휩싸여 자신의 내면을 제대로 감지할 수 없게 됩니다. 자신의 시간이 공중분해된 것 같은 감정을 느끼며, 지금껏 지내오던 세계와는 전혀 다른 세계로 들어가는 막막함과 불안함이 뒤엉켜 대혼란의 시기를 겪게 됩니다.

어쨌든 사랑은 느닷없이 몰아쳐도, 결혼은 신중하게 결정해야 합니다. 그럼에도 결혼을 결심했다면 이제부터가 시작입니다. 이런 상황에 놓인 커플은 다른 커플들에 비해 상담이 더 절실하게 필요합니다. 불안한 마음을 가진 채 결혼을 서두를 것이 아니라 다른 커플들보다 훨씬 더 많이 소통하고 보듬어줘야 합니다. 예상치 못한 인생의 전개에 당황했을 서로를 위로하고 서로의 마음을 맞춰 잘 살아보자는 다짐의 시간을 전문적인 상담을 통해 연결해야 합니다.

혼전임신은 두 사람이 함께 만들어낸 사건입니다. 그런데 자신의 몫마저 상대에게 떠넘긴 채 원망하고, 그것을 핑계로 결혼생활 내내 배우자에게 부채의식을 갖게 하는 사람들이 있습니다. 실제로 이런 문제로 상담실을 찾는 커플이 적지 않습니다. 여자친구의 혼전임신으로 갑작스럽게 결혼하게 된 수한 씨의 얼굴에 짙은 그늘이 져 있었습니다.

"저를 가해자 취급해요."

자신을 원망하는 것을 넘어서 가해자 취급을 하고, 결혼 후 살 집을 마련하라고 경제적인 압박까지 가하는 여자친구 때문에 부모님과의 사이까지 삐걱대고 있었습니다. 결혼식 때 배가 불러 드레스 입은 모습이 안 예쁠 거라는 등 온갖 짜증까지 더해지고 있었습니다. 혼전임신은 여성뿐 아니라 남성에게도 힘들고 얼떨떨한 일입니다. 서로를 탓할 게 아니라 더 많이 사랑하고 안심시켜줘야 합니다.

이는 무엇보다 스스로 선택한 결혼이라는 생각에 방해를

받는 경우입니다. 상대방에 대한 사랑을 더 의심할 수 있고 내가 선택한 사랑이 아니라 혼전임신으로 인해서 선택을 강요받은 것 같은 혼란스러움이 있을 수 있습니다. 하지만 이런 과정을 지혜롭게 통과하면 다른 커플 못지않게, 더 단단한 부부 애착을 형성하며 행복한 결혼생활을 누릴 수 있습니다. 이해를 쉽게 하기 위해서 굳이 예를 든다면, 당뇨병 진단을 받은 환자가 평소 건강관리를 잘하면서 일반인보다 더 건강하게 오래 살 수 있는 것처럼 말입니다. 부부 애착의 내용을 잘 갖추면, 내면의 힘이 생기고 서로가 자랑스러워집니다. 다행히 요즘 결혼식에서는 신부가 임신한 배를 자랑스럽게 드러내며 보란 듯이 축복을 받습니다. 당당하고 솔직한 젊은이들의 결혼 문화가 만들어지는 것 같아 무척 반가운 마음입니다.

평등은

5:5가

아니다

셀프 효도의 함정

물, 단무지, 효도, 이 세 개의 공통점을 아시나요? 바로 대한민국 3대 '셀프'입니다. '효도는 셀프'라는 말 속에는 여성들의 마음과 바람이 더 많이 담겨 있는 듯합니다. 친정 부모케어는 내가 할 테니, 시부모 케어는 남편이 하라는 겁니다.

셀프 효도가 나온 데는 나름의 역사가 있습니다. 결혼과 동시에 거의 모든 며느리는 시가에 잘 보이고 싶어 합니다. 특히 시어머니 눈에 들고 싶어 합니다. 며느리를 예쁘게 보고 살갑게 반기는 시어머니도 있지만 그렇지 않은 경우도 많습니다. 그런 경우 며느리는 수시로 잔소리를 듣고 간섭을 당하거나 심지어 다른 집 며느리와 비교당합니다. 최선을 다해 잘해도 늘 부족하다는 피드백이 돌아오면 '밑 빠진 독에 물 붓기' 같은 허탈감이 생깁니다. 결국 각자 부모님에게 할 도리를 하자는 결론을 내린 것, 이게 바로 셀프 효도입니다.

셀프 효도는 결혼생활에서 공평과 공정을 실현하기에 더없이 좋은 솔루션처럼 보입니다. 명절이면 시댁에 가서 허리가 끊어지도록 전을 부치고 집에 돌아와 남편을 들들 볶으며 부부 싸움 할 일도 없고, 안부 전화를 했네 안 했네 왈가왈부할 필요도 없습니다. 애초에 분란의 씨앗을 만들지 않으니 깔끔하면서도 이상적인 해답처럼 보입니다.

그런데 한편으로는 좀 찜찜합니다. 결혼의 출발선에서부터 서로의 레인을 침범하지 않기로 약속한 채 선을 긋는 것 같습니다. 셀프 효도가 과연 올바른 해답일까요? 부부 관계의 핵심은 부부 중심, 부부 애착이라는 점에서 셀프 효도는 많은 위험 요소를 내포하고 있습니다. 부부가 애착을 다지기 위해서는 상호 존중과 배려가 필요한데, 셀프 효도는 그 기본 전체를 흔들어 부부 사이에 건너기 힘든 강을 만들기 때문입니다.

예를 들어 시어머니가 편찮아서 간병을 해야 하는 상황이 발생한 경우, 셀프 효도를 하기로 한 이상 남편은 자신의 어머니를 돌보기 위해 수시로 병원에 불려 다닐 수밖에 없습니다. 경우에 따라서는 간병 기간이 길어질 수도 있습니다. 아내 입장에선 시어머니 간병이라는 육체적·심리적인 부담에서는 벗어날 수 있지만, 간병 기간이 길어지면 시어머니에게만 모든 에너지를 쏟고 자신을 소홀히 하는 남편이 미워지는 시기가 반드시 찾아옵니다.

반대로 남편은 일과 간병을 병행하느라 힘든 자신의 고충을 알아주기는커녕 가정을 소홀히 한다는 이유로 불만을 드러내는 아내가 이기적이고 비인간적으로 느껴질 겁니다. 이런 날이 계속되면 부부 사이는 차갑게 식어가고 부부 애착은 사소한 갈등에도 금세 헐거워집니다. 빈대 잡으려다 초가삼간 태우는 격이 벌어집니다.

시가의 무리한 요구나 처가의 비상식적인 간섭이 갈등을 일으키는 큰 요인인 것만은 분명합니다. 부부가 머리를 맞대고 노력해도 양가 문제가 해결되지 않는다면 셀프 효도가 당장은 표면적으로 좋은 대안이 될 수 있습니다. 결혼생활을 어줍지 않게 '부부 중심'으로 설계하기 위한 나름의 결정일 겁니다. 하지만 기계적이고 기능적인 셀프 효도에 대해선 생각을 해봐야 합니다. 남편은 힘들고 아내는 서운해지는 이런 상황이 지속된다면 어떻게 될까요? 배우자의 힘든

처지를 공감하지 못하고 자신의 섭섭함만 주장한다면, 배우자가 당신에 대한 사랑을 파업하겠다고 선언할지도 모를 일입니다.

대리 효도, 억지 효도, 셀프 효도 말고 '투게더 효도'

셀프 효도가 정답이 아니라고 해서 시가와 처가 부모님의 요구를 무조건 들어줘야 한다는 말은 절대 아닙니다. 시부모에게 잘 보이기 위해 시키지도 않는 행동을 하며 자처해서 효도하라거나 처가 부모님에게 예쁨 받기 위해 노력하는 사위가 되라는 말은 더더욱 아닙니다. 셀프 효도보다 더 나쁜 것은 억지 효도이고, 억지 효도는 당연히 부부 갈등을 불러옵니다.

정답은 '부부 중심'에 있습니다. 대리 효도, 억지 효도, 셀프 효도 말고 '투게더 효도'만이 부부 중심으로 살 수 있는 길입니다. 가장 좋은 방법은 결혼 전이나 신혼 때, 양가 부모에게 어느 선까지 효도할 것인지를 충분히 상의하는 것입니다. 부부에게는 효도의 양이나 기간, 빈도보다 중요한 것이 효도를 '함께 하고 있다'는 일체감입니다. 함께 결정하고, 함께 실행하고 있다는 일체감이 있다면 시가에 머무는 시간이 더 길어도, 처가에 경제적인 지원이 조금 더 가더라도 굳이 줄다리기를 하며 공정과 평등을 확인하려고 하지 않습니다. 이것이 부부 애착의 저력이며 힘입니다.

밑 빠진 독에 물 붓는 것 같은 심정을 아내가 느낀다면, 남편이 그 부분을 인정하고 위로하고 더 사랑해주면 됩니다. 어차피 시부모님을 위한 것이라기보다 내 남편의 심정을 위해서 하는 일이니, 여기서 괜한 부모님에 대한 도리를 찾을 필요는 없습니다. 인격과 품위를 갖춘 부모님이 자녀들로 하여금 밑 빠진 독에 물 붓는 심정을 느끼게 하진 않을 테니, 며느리의 책임은 1도 없습니다. 핵심은 어떠한 경우에도 시부모님이 아닙니다. 내 남편의 생각입니다. 내 남편이 미성숙한 부모님에 대해 어떻게 생각하고 있느냐가 가장 중요합니다. 입장이 바뀌어도 마찬가지입니다. 장인장모님한테서 의미 없는 사위로 느껴진다면 내용은 똑같습니다. 이때는 아내의 생각이 중요합니다.

양육과 가사 분담도 효도와 마찬가지로 셀프가 안 되는 항목인데, 신혼 초기에 생기는 부부 갈등의 주요 요인이 바로 양육과 가사 분담입니다. 5:5로 공평하게 나누면 쉽게 해결될까요? 남편과 아내, 남성과 여성을 떠나 우리 각자는 서로 잘하고 못하는 것이 있습니다. 어떤 일은 기꺼이 하지만, 또 어떤 일은 죽었다 깨어나도 하기 싫은 일이 있습니다. 경제관념이 있어 돈 관리를 잘하는 사람이 있는 반면 그렇지 못한 사람도 있습니다. 이런 것을 무시하고 무조건 5:5로 나누는 것만이 공평과 공정은 아닙니다.

셀프 효도와 마찬가지로 양육과 가사 분담 문제에 대해서도 부부 사이에 충분한 상의와 협의가 필요합니다. 요리는 좋아하지만 화장실 청소는 도저히 못 하겠다는 남편에게 굳이 화장실 청소를 시킬 필요가 있을까요. 대신 설거지를 하거나 아이들 목욕을 도맡게 하면 됩니다. 중요한 것은 '함께 하겠다'는 의지입니다. 영혼 없는 가사노동은 노역이 될 수밖에 없습니다. 상대의 의지가 느껴지지 않을 때 '독박 육아', '독박 가사'라는 말이 나옵니다. 결혼생활은 각자의 레인에서 빨리 달리기보다는 조금 느리더라도 손을 잡고 함께 결승선 테이프를 끊는 것이어야 합니다.

어머니를 아버지에게,

아버지를 어머니에게

돌려드리기

마마보이, 파파걸이 되지 않으려면

원하는 것이 넘치도록 있다면 행복할까요? 과유불급(過猶不及)이라는 말이 있습니다. 지나치면 모자람만 못하다는 뜻인데요, 모자라도 문제지만 넘치는 것도 골치 아픕니다. 모자라는 것을 채우는 것만큼 넘치는 걸 덜어내는 게 어렵기 때문입니다. 부모와의 정서적인 끈이 끊어진 정서적 고아가 모자란 쪽이라면, '파파보이, 마마보이, 파파걸, 마마걸'은 부모와 자녀의 연결이 지나친 경우입니다. 성인이 되어서도 부모와 정서적으로 분화되지 않아 부모를 자신의 결혼생활

242

로 끌어들이기까지 합니다. 마마보이, 파파걸을 길러낸 것은 물론 부모입니다. 성인이 된 자식의 탯줄을 끊어내지 못한, 아니 더 정확히 이야기하면 끊어낼 생각이 없는 부모의 헛된 욕망이 만들어낸 결과물인 셈입니다.

얼마 전 지인으로부터 실소를 금치 못할 이야기를 하나 들었습니다. 취직한 아들이 회식을 한다는 소식을 들은 어머니가 회사 상사에게 이렇게 말했답니다.

"우리 아들은 한우밖에 안 먹어요."

이걸 어떻게 생각해야 할까요? 대학에 입학한 자녀의 수강신청을 부모가 대신 해줬다는 일은 애교에 불과하다고 느껴질 만큼 어의가 없었습니다. 사회생활을 시작한 자녀의 회식 메뉴까지 이래라 저래라 간섭하다니 상식적으로 이해할 수 없는 일입니다. 결혼의 유무와 상관없이 성인이 되면 부모로부터 독립해야 합니다. 특히나 결혼은 합법적으로 부모로부터 독립할 수 있는 기회이자 '드디어' 자기 삶의 주체로 당당히 서는 것입니다. 자신이 선택한 배우자와 함께 자신이 원하는 삶의 방식으로 살아갈 수 있는 절호의 기회입니다. 이런 멋진 기회를 부모님 때문에 망칠 셈이냐고 묻고 싶습니다.

고부 갈등도 사실은 마마보이에서 벗어나지 못해 생긴 문제입니다. 유교 사상이 강한 우리나라에서 부모를 섬기고 예를 다해야 한다는 생각이 남아 있는 것도 사실입니다. 효도 자체가 잘못은 아닙니다. 문제는 배우자보다 부모를 우선하는 겁니다. 결혼생활에서 가장 중요한 것은 부부 사이의 정서적인 결합인데, 이것이 결여된 상태에서 부부 사이에 부모를 끼우려고 하면 당연히 문제가 생길 수밖에 없습니다. 어머니를 아내와 동급으로 생각하거나 더 높게 생각하는 남성들에게 묻고 싶습니다.

"결혼생활을 셋이서 하고 싶은가요?"

이것은 이기적인 생각 그 이상도 이하도 아닙니다. 결혼하고 싶은 여성에게 당당하게 말해보세요.

"나는 어머니와 당신, 이렇게 셋이서 함께 결혼생활을 하고 싶어."

아버지처럼 자신의 문제를 해결해주길 바라는 '파파걸'도 마찬가지입니다. 남편은 남편이지, 또 다른 혈육적인 보호자가 아닙니다. 힘들 땐 의지가 되어주기도 하지만 기본적으로 평등한 관계를 맺어야 합니다.

자신의 부모에게 착 달라붙어 정서적 치마폭에서 벗어날 생각이 없는 사람과 어느 누가 결혼하고 싶을까요? 내가 내 부모에게 벗어날 생각이 없으면서 너는 왜 부모에게서 독립하지 않냐고 말할 수 있나요? 어떤 사람이 이런 나와 결혼하고 싶을까요? 이런 생각으로 부부 관계를 바라보길 바랍니다.

부모님의 갈등은 부모님에게로

　고부 갈등이 예상되는 경우 결혼을 망설일 수밖에 없습니다. 하지만 무조건 도망쳐야 하냐면 그건 아닙니다. 고부 갈등에 대한 두려움 때문에 결혼을 망설이고 있다면 희소식을 하나 전해드리겠습니다. 고부 갈등을 일으키는 원인 대부분은 부부 당사자가 아니라 미성숙하거나 미성숙하다는 사실을 깨닫지 못한 시부모님 쪽에 있다는 점입니다. 시부모님의 부부 관계가 소원하거나, 두 분 중 한 분이 독선적인 경우입니다. 그리고 자녀 부부를 자신의 품에서 놓아줄 생각이 없고, 자녀 부부의 결혼생활에 강력하게 개입하고자 합니다. 고부 갈등의 본질은 '시월드'가 원래 갖고 있던 잠재된 문제가 며느리라는 새로운 구성원이 들어오면서 표면적으로 드러난 것일 뿐입니다. 때문에 고부 갈등을 바라볼 때 부부가 책임져야 하는 문제인지 아닌지를 구분하는 것이 중요합니다. 부모님의 부부 갈등까지 자녀가 책임질 필요는 없습니다.

　"어머니가 사시면 얼마나 사시겠어. 우리 키우느라 고생하셨으니 당신이 조금만 이해해줘."

　만약 이런 말을 하며 어머니와 아내가 자신을 힘들게 한다고 생각하는 남편이 있다면 대단히 큰 착각을 하고 있는 겁니다. 이 말에 아내의 입장이 있나요? 자기 가족 안에 고여 있던 문제가 드러난 것인데 아내가 왜 이 문제를 떠안고 해결을 해야 하나요? 만약 자신의 아내를 이런 존재로 만들고자 한다면, 문제 많았던 자신의 가족사에 아내를 끌어들여 희생양으로 삼고자 하는 검은 속내에 불과합니다. 부부 관계가 좋지 않은 시부모님 사이를 개선하고, 시부모님의 존재감과 자존심을 추켜세우기 위해 며느리는 지속적으로 관심을 갖고 갖은 시도를 해야 합니다. 이런 며느리의 노력을 왜 당연한 것이라 여기는 걸까요? 자기 부모님의 문제를 해결함에 있어 이런 식으로 배우자에게 공동 책임의 의무를 돌려서는 안 됩니다.

이때도 가장 중요한 사람은 남편입니다. 일주일에 한 번씩 시가에 전화해야 하는 일이, 명절에 반드시 찾아가야 하는 일이, 그토록 중요하다면 한두 마디 말이 아니라 그보다 더 성의 있는 설명이 필요합니다. 배우자가 내 부모에게 잘하냐 못하냐가 문제가 아닙니다. 자신이 부모로부터 정서적인 독립을 할 마음이 있는지, 아내와 부부 중심 의식을 갖고 살아갈 마음이 있는지를 먼저 살펴봐야 합니다.

근본적으로 고부 갈등은 남편이 일으키며, 시집살이는 남편이 시킵니다. 많은 경우 남편들이 아내와 시어머니를 지칭하며 당사자끼리 문제를 풀어야 한다고 말합니다. 다시 말하지만, 여기에서 당사자는 남편 한 명입니다. 우리 부부 사이에 시어머니가 들어와서 감정적인 행세를 하게끔 허락하고 있는 사람은 남편입니다. 여기에서 필요한 게 부부 중심입니다. 결혼생활은 어떠한 경우에도 부부 중심과 부부 애착을 기준으로 합니다. 그래야 모든 문제가 풀립니다.

장모와 사위 사이에서 생기는 장서 갈등의 경우는 어떨까요? 뒤집어서 생각하면 됩니다. 장서 갈등은 아내가 일으키며 처가살이는 아내가 시킵니다. 단, 남편이 정서적인 면에 관심이 없어서 아내의 마음이 친정 쪽으로 기울 수밖에 없는 상황은 반드시 따로 봐야 합니다. 왜 남편의 정서가 아내와 연결되어 있지 않은지 면밀히 분석해야 합니다. 다양한 여러 요인이 있지만, 이때도 부부 중심, 부부 애착으로 이 문제를 해결할 수 있습니다.

부부 갈등을 대물림하지 말자

자녀를 키우고 잘 교육하는 데에만 몰두한 나머지 부부 애착 없이 사는 부부들이 넘쳐납니다. 이들에게 연애는 결혼 전 스치듯 잠깐 했던 일입니다. 부부가 애착을 강하게 갖고 부부 중심으로 살지 못하면 불균형의 에너지가 어디로 갈까요? 대개 자녀를 향합니다. 부부 사이가 애착으로 잘 결합되지 않아 불화가 끊이지 않는 가정에서 자란 자녀들은 부모의 불안한 심리 상태를 그대로 느낍니다. 불안은 그대로 대물림되어 자녀는 불안을 안은 채 자신 또한 불안정한 삶과 결혼생활로 뛰어들게 됩니다.

영국의 연구팀이 이와 관련해 흥미로운 연구 결과를 발표했습니다. 부모가 아기 앞에서 싸우자 생후 6개월밖에 안 된 아기의 소변에서 스트레스 호르몬이 다량 검출되었습니다. 최근 가트맨 연구소에서는 자녀의 소변 중 스트레스 호르몬 농도만 봐도 그 부모가 이혼할지 여부를 예측할 수 있다는 다소 충격적인 연구 결과를 발표했습니다. 자녀를 잘 키우기 위해서라도 부모로서의 기능적인 역할에 앞서 정서적인 애착에 신경 써야 합니다.

부부 사이가 좋지 않을 때 어머니가 아들을 남편처럼 의지하거나 아버지가 아내에게 받아야 할 정서적 지지를 자녀에게서 채우려 합니다. 그래서 시어머니나 친정어머니가 자녀 부부 사이에 끼어드는 일이 생기는 것입니다. 남편을 대신했던 자녀가 빠져나간 공백을 부부 둘만의 시간으로 채우기 어렵기 때문입니다.

자녀 부부가 부모 부부의 문제를 떠맡게 되거나 접착제 역할을 하면, '경계'를 지키지 못합니다. 김치를 담갔네, 반찬을 해놨네, 손주가 보고 싶네, 갖은 핑계를 대며 예고 없이 자녀 부부의 집을 찾아오거나 심지어는 현관 비밀번호를 알려달라는 압박을 하기도 합니다. 일하는 시간에 시도 때도 없이 전화를 하고, 사소한 심부름을 시키며 집으로 오라고 합니다. 안부 전화를 잘 하지 않으면 호되게 야단을 치기도 하고 다른 사람과 비교를 하기도 합니다. 결혼했다는 이유만으로 무조건 정기적으로 배우자 부모의 안부를 챙겨야 할 이유가 있을까요? 그런데 이것을 묵인하거나 조장하면 부부 갈등이 시작됩니다. 부부 애착이 결여되어 발생한 부모의 부부 갈등이 같은 이유로 자녀의 결혼생활에서도 촉발되는 겁니다. 이럴 때 어떻게 해야 할까요? "그 정도는 해줄 수 있잖아"라며 배우자를 탓하기 전에 부부 애착을 형성하는 데 힘써야 합니다. 그래야 효도도 할 수 있습니다.

부모는 자신과는 다르게 자녀만큼은 행복하게 잘 살기를 바랍니다. 그런데 가족 안의 갈등은 대물림되는 경우가 많습니다. 시부모의 부부 갈등이 고부 갈등으로 이어지고 자녀 부부를 힘들게 합니다. 이는 또 다른 가정 불화의 원인이 되고, 부모의 부정적 정서를 안고 자란 자녀들은 심리적인 고통과 불안을 느끼게 됩니다. 이보다 더 가슴 아픈 일은 없습니다.

장서 갈등 역시 마찬가지입니다. 고부 갈등과 장서 갈등의 양상이 똑같지는 않지만 큰 맥락에서 보면 아내가 나서서 풀어야 할 문제입니다. 언뜻 친정어머니는 많은 부분에서 자녀 부부를 적극적으로 도와주는 것처럼 보입니다. 손자를 돌보고, 반찬도 해주고, 사위를 위한 행동도 적극적으로 합니다. 장모님의 개입에 익숙해진 사위는 어느새 존재감을 획득하며 어깨가 으쓱해집니다. 하지만 시어머니와 친정어머니는 자녀 부부에게 접근 방식만 다를 뿐 자녀 부부 곁을 떠나지 않고, 자녀 부부의 결혼생활에 편승해서 함께 결혼생활을 하고야 말겠다는 면에서 그 내용 구조는 본질적으로 동일합니다.

우리 시대의 어머니들은 힘들고 거친 삶을 살아오셨습니다. 어머니들은 늘 외롭습니다. 평생을 자식을 위해 희생했고, 남편으로부터 충분히 사랑받지도 못한 채 자식만 바라보며 평생을 견뎌왔습니다. 아버지들도 마찬가지입니다. 버겁고 무거운 가장의 짐을 짊어진 채 가부장의 가면으로 자신의 약한 모습을 감추며 살아왔습니다.

부모 세대에게 부부 중심, 부부 애착은 아주 낯선 개념입니다. 서로 표현도 잘 못하다 보니 부부가 함께 있어도 외롭기만 합니다. 그런데 이런 부모로부터 정서적으로 독립하지 못한 자녀가 결혼생활을 하면 뒤죽박죽이 됩니다. 부모님 문제는 부모님 둘이서 해결하도록 맡겨야 합니다. 어차피 자녀는 부모님의 부부 문제를 해결하지 못합니다. 부모님도 자녀 부부의 부부 문제를 해결해주지 못합니다. 자녀가 부모님의 부부 문제를 해결하려고 하면 평생 그 굴레에서 벗어날 수 없습니다. 자녀는 멀리서 부모님 두 분의 삶을 응원해주세요. 그리고 스스로 독립하세요.

제 유튜브는 구독자 연령층이 다양합니다. 젊은 친구들도 있지만 50~60대, 특히 중년층의 구독이 늘고 있습니다. 이들 중에 고부 갈등으로 젊은 시절을 다 보내 억울하다는 분들이 많습니다. 20년 전에, 아니 10년 전에라도 시작했다면 좋았겠지만 이제라도 자신을 찾고 싶다는 분들이 상당히 많습니다. 젊은 사람들의 입장을 이해하는 분들도 있지만, 부부 중심의 결혼생활을 비난하는 분들도 있습니다. 그러나 저는 앞으로 더 많은 사람들이 결혼에서 가장 중요한 것은 부부 자신이라는 사실을 깨닫게 되길 진심으로 기대합니다. 어떠한 경우라도 결혼을 했으면 부부가 중심이 되어 부부 애착을 단단하게 만들면서 살아가야 합니다. 그렇지 않으면 결혼생활을 내려놓을 각오를 해야 할지도 모릅니다.

사과 대신

위로 받기

부부 관계를 성장시키는 중요한 자원

사람은 태어날 때부터 사랑하고 사랑받고 사랑을 통해 성장하도록 프로그램되어 있습니다. 갓난아이를 보면 알 수 있습니다. 아기가 우는 것은 엄마에게 관심을 받고 싶어서입니다. 부부 관계도 마찬가지입니다. 사이가 좋은 부부라도 살면서 때로 갈등을 겪습니다. 부부는 수만 가지 이유로 싸우지만, 싸움을 통해 전하고자 하는 이야기는 한 가지입니다. 아기가 엄마에게 관심을 달라고 울 듯 배우자가 나를 여전히 존중하고 사랑하는지를 확인하고 싶다는 메시지를 보내는 것입니다. 싸우는 동안 마음에 없는 말들이 튀어나오고 못된 표정도 짓지만, 그 안에는 서로에게 인정받고 사랑받고 싶은 세상 연약한 마음이 들어 있습니다.

그렇기에 부부 싸움을 터부시하거나 피해서는 안 됩니다. 살다 보면 어느 지점에선가 갈등의 요인이 드러날 수밖에 없고, 갈등과 다툼은 부부 관계를 '성장'시키는 중요한 자원입니다. 때로 불편하기도 하고 괴롭기도 하겠지만, 갈등을 통해 자신을 직시하고 내면에 자리 잡은 미해결 과제와 연약한 부분을 만날 수 있습니다. 이런 의미에서 싸움은 배우자의 가장 연약하고 취약한 부분을 보듬을 기회입니다.

부부가 싸운다는 건 서로에게 기대가 남아 있다는 증거입니다. 정말 남남처럼 살아가는 부부들은 싸움조차 하지 않습니다. 서로에게 기대가 남아 있지 않으니 싸울 이유가 없습니다. 대화를 할 이유도 그다지 없습니다. 다만 부부 싸움을 할 때 배우자를 제압해야 할 대상으로 삼아서는 안 됩니다. 나는 옳고 너는 틀리다는 생각에서 벗어나야 합니다. 부부상담을 진행하다 보면 배우자에게 사과조차 받고 싶지 않다고 말하는 내담자들도 있습니다. 부부 관계를 되돌리기엔 너무 늦어버린 경우입니다. 영화 〈결혼 이야기〉에는 이혼을 앞둔 주인공이 남편과 부부상담을 받는 장면이 나옵니다. 서로의 장점을 편지에 써와서 상대에게 읽어주는 장면에서 그녀는 자신이 써온 편지를 읽지 못하겠다며 상담실 문을 박차고 나갑니다. 이미 마음이 딱딱하게 굳어져버린 겁니다.

아직 배우자에게 사과를 받고 싶은 마음이 남아 있다면, 한 가지 명심할 게 있습니다. 배우자에게 사과를 요구하는 대신 위로를 받으라는 겁니다. 부부 관계는 누가 잘하고 잘못했는지, 누가 틀리고 맞는지를 증명하는 관계가 아닙니다. 나에게 배우자는 이겨야만 하는 적일까요? 상대를 평가하고 판단하는 태도는 관계를 개선할 의지가 없는 것과 같습니다. 사과를 강요받는 순간 배우자의 마음은 오히려 얼어붙습니다. '사과해야 할 만큼 내가 잘못한 건가?'라는 생각이 들기 때문입니다.

"당신이 뭘 잘못했는지는 알아?"

따져 묻기보다 이렇게 말해주세요.

"당신이 내 마음을 알아주길 바랐고, 다가와주길 원했어."

이런 말을 들으면 어떤 마음이 들까요? 자신이 필요한 존재임을 인식하게 되고, 마음의 문이 좀 더 쉽게 열립니다.

관계를 유연하게 하는 대화의 기술, 'I' 메시지

싸우는 과정은 부부 관계에서 매우 중요합니다. 이 과정을 통해 부부 애착을 더 높일 수도 있고, 관계를 악화시킬 수도 있습니다. 부부 애착을 강하게 만드는 쪽으로 가고 싶다면 꼭 알아야 할 것이 있습니다. 바로 자신이 왜 화가 났는지 아는 것입니다. 그래야 좌절된 욕구가 무엇인지 파악하고 그것을 전달할 수 있습니다. 화가 난 이유를 설명조차 하지 않고 내 마음을 알아주길 바라는 것은 무모한 일이며 오히려 갈등을 더 키울 수 있습니다.

그런데 여기에 한 가지 중요한 전제 조건이 있습니다. 상대방의 잘못을 지적하고 단점을 꼬집는 대신 'I', 즉 '나'를 주어로 마음의 메시지를 전달하는 것입니다.

"당신은 너무 이기적이야!"

이렇게 쏘아붙이면 사과를 받고 싶은 본심이 제대로 전달될까요? 상대는 자신의 약점을 지적하고 비난하려는 것으로 받아들입니다. 사과는커녕 방어기제가 작동해 자신이 잘못한 걸 뻔히 알면서도 마음에도 없는 말을 내뱉고 맙니다. 대신 이렇게 말해보면 어떨까요?

"나는 당신이 좀 더 내 입장을 생각해주면 좋겠어. 당신에게 이해받고 싶은 마음이 큰가 봐. 당신에게 많이 섭섭해."

두 가지 말은 결국 같은 의미이지만, 상대는 말의 의도를 전혀 다르게 해석합니다. '나'를 주어로 말하면 상대가 나에게 얼마나 중요한 사람인지, 상대의 위로가 내게 얼마나 큰 의미인지를 고스란히 전달할 수 있습니다.

마찬가지로 상대에게 원하는 것도 'I want' 메시지로 표현 해보세요. 논지를 흐트리지 않고 문제의 본질에 쉽게 도달할 수 있으며 상대방은 협조하고 싶은 마음이 커집니다.

자신에게 시간을 잘 내주지 않는 배우자에게 오랜만에 주말에 함께 영화를 보고 싶다는 의사를 전달할 때 어떻게 하면 될까요? 먼저 바람직하지 않은 대화를 예로 들어보겠습니다.

"이번 주말에 시간 있어?"

"왜?"

"요즘 바쁜 것 같아서."

"왜 그러는데?"

"아니, 주말에 당신이 다른 약속 있나 해서."

"없으면 왜? 또 뭐하자고?"

"'또'라니, 요즘 나한테 시간 내준 적 있어. 그리고 당신은 왜 말끝마다 짜증이야!"

결국 영화 보자는 이야기는 시작도 못 해보고 엉뚱한 말투를 가지고 싸움을 벌이게 됩니다.

이것을 그대로 'I want' 메시지로 바꿔보겠습니다.

"이번 주말에 당신과 영화 보고 싶어."

"영화? 어쩌지 주말에 약속 있는데."

"아 그래? 그럼 어쩔 수 없지 뭐."

"약속이 점심이라 저녁에는 시간이 되는데, 괜찮으면 그때 보러 갈까?"

'You' 메시지는 상대로부터 거부감과 부정, 저항을 끌어내지만, 'I' 메시지와 'I want' 대화는 상대의 협조를 이끌어냅니다. 의사전달이 훨씬 원활하고 부드러워집니다. 이런 대화 방법은 자신이 정말 무엇을 원하는지, 상대에게 무엇을 전달하고자 하는지 스스로 더 잘 깨닫게 해주고, 두 사람을 안정감 있게 연결해줍니다.

긍정적인 말과 부정적인 말의 비율은 5:1

마지막으로 부부 대화의 황금비율을 연구한 존 가트맨(John Gottman) 박사의 5:1 법칙을 소개하겠습니다. 39년간 3,600쌍의 부부를 연구한 가트맨 박사는 부부가 싸울 때 싸움의 내용이 아니라 싸우는 방식 때문에 갈등이 증폭된다는 사실을 발견했습니다. 그 과정에서 행복한 부부 관계에서는 긍정적인 말과 부정적인 말의 비율이 5:1이라는 구체적인 수치를 밝혔습니다. 한 번의 갈등이 생길 때 다섯 번의 긍정적인 말을 해야 갈등이 해소된다는 뜻입니다. 평소 다섯 번의 긍정적인 말을 의식적으로 해보시길 바랍니다. 적금통장처럼, 적심통장을 평소에 넉넉하게 가꿔놓는 겁니다. 갈등이 생길 만한 일도 잘 넘어갈 수 있습니다.

"오늘 당신 셔츠 색이 잘 어울리네."

"차에 기름 가득 넣어줘서 고마워."

"당신이랑 같이 있는 게 좋아."

이처럼 배우자를 향한 긍정의 피드백, 존재감을 느낄 수 있는 말들을 의식적으로 해봅니다. 처음엔 어색하지만 꾸준히 하다 보면 어느 순간 입에 배어 저절로 긍정의 말이 나오는 순간이 있습니다. 다시 말하지만, 적금통장에 정기적으로 돈을 붓듯 긍정의 말로 적심통장을 채워놓으면 부부 사이가 삐걱거릴 때도 마이너스의 기근 상태는 면할 수 있습니다. 지금 바로 적심통장을 개설하는 건 어떨까요.

부부 사이의 애정이 커피라면, 대화는 커피 위에 얹혀놓은 크림입니다. 커피 맛이 쓰게 느껴질 때 크림을 넣으면 부드러운 달콤함이 확 살아납니다. 대화법만으로 문제의 본질을 해결할 수는 없지만 부부 관계를 유연하게 할 수는 있습니다. 부부 싸움이 관계의 성장이라는 목적에 기여하는 데 필수적인 요소라면, 바람직한 대화법이 그 목적을 향해 최단거리로 갈 수 있게 도와줄 겁니다.

성장 과정을 나눌수록

부부 애착이

커진다

누구나 상처를 안고 살아간다

"당신이 내 상처를 알기나 해?"

연인이나 부부 사이에서 갈등이 생겼을 때 흔히 하는 말입니다. 그런데 가만히 생각해보면 모르는 게 당연합니다. 저마다 생김새가 다르듯 내면의 상처 또한 사람마다 제각각입니다. 우리는 같은 시간을 살아간다고 믿지만 실상은 제각각 다른 시간 속을 살아갑니다. 한 사람의 기억과 삶은 온전히 자신만의 몫이기에 각자가 겪어온 경험은 근본적으로 공유되기 쉽지 않습니다. 그래서 인간은 외로움이라는 숙명을 안고 살아가는지도 모릅니다.

상대의 내면에 치유되지 않은 미해결 과제와 상처를 만나는 것은 따뜻하고 소중한 시간입니다. 그런데 많은 사람이 상대의 상처는커녕 자신의 상처조차 제대로 알지 못하고 살아갑니다. 상처를 마주하기 겁나서 외면하기도 합니다. 그러니 수시로 자신의 내면 아이와 만나야 합니다. 연인이나 배우자가 내 마음을 읽어주고 먼저 다가와 상처를 보듬어주길 바란다면 나부터 먼저 상대방을 이해해보면 어떨까요. 자신의 내면 아이와 만났다면, 이제 상대의 내면 아이를 만나고, 나의 내면 아이를 상대에게 보여줄 차례입니다.

서로의 성장 과정을 나누는 것은 연인이나 부부가 친밀해질 수 있는 좋은 방법입니다. 특히 부부 사이에서는 서로의 내면 아이를 자주 만나는 것이 무척 중요합니다. 부부 관계를 치유하고 성장하기 위해서는 어린 시절 상처를 치료해야 한다는 이마고(imago, 그리스어로 '이미지'라는 의미) 이론. 이 이론에 따르면 부모로부터 받은 어린 시절의 상처, 즉 미해결된 과제를 치유하고자 하는 욕구와 기대가 좌절되었을 때 부부 사이에 불화가 발생한다고 합니다. 결국 불화를 줄이려면 상대의 내면에 치유되지 않은 아픔과 슬픔, 외로움, 미해결 과제와 대면해야 합니다. 그런 의미에서 결혼하기 전에 자신의 가족에게 받은 영향이 배우자 선택 과정과 결혼생활에 어떤 영향을 미치고 있는지 생각해보는 것은 의미 있는 일입니다.

상처를 보듬고 쓰다듬으며 서로에게 스며들기

그렇다면 어떻게 상대의 내면 아이를 만날 수 있을까요? 연인 관계를 유지하는 동안에는 상대를 속속들이 알기가 어렵습니다. 특히 남성들은 속내를 잘 드러내지 않으려는 경향이 강합니다. 그것이 부끄러운 일이라고 여기기 때문인데 심지어 본인들 스스로 내면을 잘 모르는 경우도 많습니다. 내면에 억제된 감정들, 어린 시절 받았던 상처, 성장 과정에서 부모로부터 관심과 인정을 받지 못해 힘들었던 감정들이 뒤섞여 있을 텐데도 말입니다.

성장 과정 나누기는 실제 부부상담 과정에서 진행하는 내용이기도 합니다. 여기서 그 방법을 공개하겠습니다. 연인이나 부부가 함께 해보면 좋습니다. 종이와 펜만 있다면 누구나 쉽게 할 수 있습니다. 중요한 것은 상대의 말을 진심으로 경청하는 자세입니다.

준비가 되었다면 먼저 상대에게 질문을 던져보세요.

"어머니의 성격은 어땠어?"

"당신은 부모님에게 어떤 아들(딸)이었어?"

"부모님에게 어느 정도 존중받았어?"

차례차례 질문을 하고 답변을 듣는 데에는 상당한 시간이 소요됩니다. 하지만 충분히 그럴 만한 가치가 있습니다. 상대가 답하면 그것을 종이에 받아 적습니다. 자신의 이야기를 종이에 정성스럽게 적는 상대의 모습만으로도 자신이 깊게 이해받고 있다고 느끼게 됩니다.

때로 어린 시절 이야기를 하면서 눈물을 흘리기도 하고, 분노하기도 할 것입니다. 그럴 때 따뜻한 위로와 함께 가만히 안아주세요. 감정이 잦아들면 슬프고 힘들었던 어린 날의 일에 대해 깊게 대화를 나눕니다. 이를 통해 미처 알지 못했던 상대의 내면의 상처와 감정을 만나게 됩니다. 그러한 과정에서 그동안 이해하기 힘들었거나 불편했던 상대의 행동과 태도의 근원이 무엇이었는지를 깨닫고 이해하게 되는 순간을 맞게 됩니다.

다음으로는, 종이와 펜을 상대에게 건네고 똑같은 방법으로 자신이 질문을 받고 답변을 하면 됩니다.

물론 이런 과정이 쉽지만은 않습니다. 마주 앉아 있는 것 자체가 어색할 수도 있고, 속 깊은 이야기를 꺼내는 것도, 듣는 것도 불편할 수 있습니다. 아픈 기억과 마주하는 순간 자신의 감정을 억누르고 이야기하지 않을 수도 있습니다. 억지로 대화를 끌어낼 필요는 없습니다. 양파 껍질 벗기듯 조심스럽게 한 걸음씩 다가가면 됩니다. 먼저 내 쪽에서 이야기를 솔직하게 털어놓으면 상대도 언젠가는 마음을 열고 다가오기 마련입니다.

'과거는 필요 없어!'

이렇듯 힘든 일을 입 밖으로 꺼내지 않는 것이 상대에 대한 예의라고 생각하는 분도 있습니다. 정말 그럴까요? 혹 서로에게 그만큼 자신이 없기 때문은 아닐까요?

배우자가 될 사람과 서로의 상처를 공유하는 것은 결혼 이후의 삶을 위해 꼭 필요한 과정입니다. 자기 내면의 아킬레스건이 무엇인지, 상대의 치유되지 않은 상처는 무엇인지 다 펼쳐놓고 이야기해야 합니다. '지금의 나'는 지난 삶의 모든 경험이 쌓여 만들어진 총체적인 결과물입니다. '과거의 나'와 용감하게 마주하고, 상대의 과거까지 보듬을 수 있다면 더 나은 '현재의 결혼생활'을 누릴 수 있습니다.

성장 과정 나누기 질문 리스트

주로 20세 미만에 해당하는 것들을 초·중·고로 나누어 질문합니다. 18번부터는 20세 이후를 포함한 질문입니다.

1   어머니의 성격과 성품은 어땠나요? 어머니에 대한 기억은 어떤가요?

2   초등학교 시절 어머니의 주요 관심사는 무엇이었나요?

3   아버지의 성격이나 성품은 어땠나요? 아버지에 대한 기억은 어떤가요?

4   자신이 초등학교 시절 아버지의 주요 관심사는 무엇이었나요?

5   부모님에게 당신은 어떤 자녀였나요?

6   부모님께 자녀로서 어느 정도 존중을 받았나요?

    (척도 질문 : 1~10)

7   성장 과정에서 부족감을 느낀 부분이 있다면 어떤 것인가요?

    (예 : 동생이랑 방을 같이 썼다 등)

8   부모님의 부부 사이, 부부 관계는 어땠나요?

9   부모님이 싸울 때 당신은 무엇을 했나요?

10   어릴 때 생일을 어떻게 지냈나요?

11   가족 여행이나 나들이에 대한 기억을 들려주세요.

12   예전에는 잘 몰랐는데 지금 생각해보니 존재감을 느끼기 위해

    가족들 사이에서 어떤 행동을 주로 했나요?

13   부모님으로부터 받은 애정 표현과 스킨십 정도는 어땠나요?

    (척도 질문 : 1~10)

14   사춘기가 있었나요? 그 시기를 어떻게 보냈나요?

15   형제들과의 관계는 어땠나요?

16   성장 과정 중 가장 좋았던 기억 세 가지를 들려주세요.

17   성장 과정 중 가장 나빴던 기억 세 가지를 들려주세요.

18   지금까지 돌아봤을 때 인생의 봄날은 언제였나요?

19   외로움(소외감)을 가장 많이 느꼈던 일은 무엇인가요?

20   혼자 속으로 불안하거나 걱정했던 때가 있었다면 언제인가요?

21   결혼에 기대하고 있는 것은 무엇인가요?

22   당신이 보기에 자신의 성격은 어떻다고 생각하나요?

23   자신의 성격이 어떻게 형성된 것 같나요?

24-1   아버지와 어떤 면이 닮았나요?

24-2   어머니와 어떤 면이 닮았나요?

24-3   부모님 외에 의미 있게 영향을 받은 인물은 누구이며,

어떤 영향을 받았나요?

부부 사이에도

적당한 거리가

필요하다

고슴도치 딜레마

"모든 사이에는 사이가 있는 게 좋은 것 같아요."

우연히 영화배우 문소리 씨가 방송에서 한 말을 들었는데, 100퍼센트 공감했습니다. 문소리 배우는 남편인 장준환 감독과 사이좋게 사는 비결을 '적당한 거리를 유지하는 것'으로 꼽았습니다. 제가 지금까지 침이 마르도록 '부부 애착'을 강조했지만, 그래도 구체적으로 어떤 것인지 어렵게 느껴졌다면 부부 사이의 '적당한 거리'에 대해 생각해보는 것도 좋습니다.

266

부부 애착은 부부가 친밀한 관계를 맺는 것입니다. 거리가 멀다면 좁히는 방법을 생각합니다. 그런데 이 '거리'를 물리적이고 시간적인 계량의 형태로 받아들이면 부부 애착을 형성하는 데 방해가 될 수 있습니다. 24시간 내내 붙어 있다고 부부 애착이 두터워질까요? 오히려 더 피곤해집니다. 지나치게 밀착하려다가 부서지고 깨져버리는 셈입니다. 난로가 따뜻하다고 껴안을 수 없는 것처럼 말입니다. 부부 애착은 부부 집착이 아닙니다.

코로나19 이후 부부 갈등이 심해졌다는 이야기가 심심치 않게 들립니다. 중국에선 코로나 이후 이혼율이 증가했다는 통계 자료가 발표되기도 했습니다. 사회적 거리두기로 집에서 보내는 시간이 많아지면서 '코로나 이혼'이라는 신조어도 등장했습니다. 코로나19 전에는 각자 생활 영역을 갖고 살아가던 부부가 한 공간에서 부딪히는 시간이 더 많아졌기 때문입니다.

'고슴도치 딜레마(Hedgehog's Dilemma)'라는 말을 들어보셨나요? 독일의 철학자 쇼펜하우어가 인간의 독립성과 타인과의 일체감 사이의 갈등을 고슴도치에 비유한 말입니다. 추운 겨울 고슴도치 부부는 서로의 온기로 추위를 피하고자 꼭 껴안았습니다. 그런데 서로 가시에 찔려 떨어질 수밖에 없었습니다. 껴안으면 아프고, 떨어지면 온기를 나눌 수 없는 딜레마에 빠진 것입니다. 결국 고슴도치 부부는 껴안고 떨어지는 시행착오를 반복하는 과정에서 서로 상처를 주지 않으면서 온기를 느낄 수 있는 절묘한 거리를 찾아갑니다.

부부 관계가 건강하려면 함께 재밌는 시간을 만들어가는 것도 중요하지만 개인 영역을 만드는 것 역시 중요합니다. 사회생활에서와 마찬가지로 부부 관계에서도 서로가 부담을 갖지 않기 위해 거리를 두는 것은 자연스러운 현상입니다. 온기가 드나들 거리가 있을 때 사랑의 신선도가 유지됩니다.

각자 숨 쉴 공간이 필요하다

여러분은 배우자의 개인 시간을 인정하나요? 의외로 허용하지 않는 분들도 많습니다. 배우자가 조금이라도 자신만의 시간을 가지려 하면 이기적이라거나 가정을 소홀히 한다고 비난합니다. 부부상담을 하다 보면 남편이 자기 시간을 가지려 한다며 불평하는 아내들을 자주 보는데, 결혼 5년 차인 아영 씨도 그런 경우였습니다.

"남편이 자기 시간 갖는 걸 용서할 수가 없어요."

아영 씨는 상담 첫날부터 흥분을 감추지 못했습니다. 남편은 양가 부모님께 잠깐 아이를 맡기고 각자 한나절 정도의 개인 시간을 갖자고 계속 요구했다고 합니다. 부부 데이트 시간도 가지면서 말입니다. 하지만 그녀 자신은 개인 시간을 원하지도 않을뿐더러 남편이 개인 시간을 갖겠다는 요구 자체가 이해되지 않았습니다. 주중은 도통 시간을 낼 수 없으니, 주말 중 하루는 동호회 모임에 나가거나 친구들과 시간을 갖겠다는 남편을 참고 두고 볼 수가 없다고 했습니다. 그녀는 주말마다 가족이 다함께 시간을 보내는 집안에서 자랐기에 개인 시간을 원하는 남편이 비정상으로 보였습니다.

"날 사랑하지 않는 걸까요? 가족과 보내는 시간이 즐겁지 않은 걸까요?"

이렇게 묻는 아영 씨에게 저는 되물었습니다.

"일주일에 단 하루 혹은 한나절이라도 남편이 원하는 방식으로 시간을 보낼 수 있도록 배려한다면, 남편은 남성으로서 더 능동적인 모습을 보여줄 텐데, 이것을 포기해도 괜찮겠어요?"

근본적으로 배우자의 개인 시간을 절대 용납할 수 없다고 말하는 분들이 꽤 있습니다. 물론 이런 배우자의 마음과는 별개로 가족과 시간을 거의 보내지 않고 밖으로만 도는 남편이나 아내도 많습니다. 하지만 각자의 개인 시간과 취미 활동까지 오롯이 배우자에게 반납해야 하는지는 생각해볼 문제입니다.

배우자에게 맞추기 위해 개인 시간을 철저하게 포기할 수도 있겠지만 그러면 어떤 일이 벌어질까요? 배우자의 마음에서 생생한 능동성이 사라집니다. 가족끼리 공원 나들이를 가거나 백화점 쇼핑을 가도 영혼 없이 몸만 함께 있을 뿐입니다. 즉 물리적 거리는 가까울지 몰라도 심리적인 거리는 더 멀어집니다.

아무리 가까운 부부라도 배우자의 개인 시간은 존중해줘야 합니다. 숨쉴 시간과 독립된 공간은 존중해줘야 하며, 사랑하는 사이라고 해서 모든 걸 공유하려고 해서도 안 됩니다.

자유 의지를 손상시키는 사랑은 구속에 불과합니다. '아름다운 구속'이라고 주장할 뿐, '나'에게만 맞추길 바라는 이기적인 욕망입니다. 그 마음 밑바닥엔 상대를 통제하려는 마음이 자리하고 있습니다. 배우자의 성격이나 특성을 고려하지 않은 채 나에게 능동성을 내며 행복해하라는 것은 목줄을 죄고 왜 내 방법대로 살지 않냐고 하는 것과 같습니다. 참으로 안타까운 일입니다.

따로 또 같이, 불가근불가원의 황금 비율 찾기

배우자의 개인 시간에 대해서는 참견하거나 개입하지 않는 게 좋습니다. 자신을 위해서도, 그리고 배우자를 위해서도 그 시간은 소중히 여길 필요가 있습니다. 물론 외출할 경우, 어디에서 누구와 무엇을 하는지 배우자에게 설명하고 알려줍니다. 그래야 배우자가 안정감을 가질 수 있습니다.

그러나 집에 있을 때조차 지나치게 간섭하는 일은 삼가는 게 좋습니다. 상대의 자율성과 독립성을 존중하고 인정하는 것은 결혼을 했지만 각자 나라는 존재의 영역도 명명하는 자부심이 됩니다.

부부가 각자의 공간을 나눠보는 것도 한 방법입니다. 독립된 공간은 생리적, 심리적, 감정적 에너지 측면에서 재충전할 수 있는 중요한 곳입니다.

"결혼하면 내 시간이 없잖아."

결혼에 대한 부정적인 선입견 중 하나입니다. 부부 사이의 안전한 거리, 그 황금비율을 찾는다면 이런 걱정은 안 해도 됩니다. 애착은 집착이 아닙니다. 부부 애착이 중요하다고 해도 존중을 바탕으로 한 건강한 경계선이 필요합니다. 존중이 아닌 집착은 폭력입니다. 자신의 불안을 배우자의 탓으로 몰고 가는 것도 집착입니다. 그러나 배우자가 집착한다고 비난하며 그 사람의 탓으로만 돌려서도 안 됩니다. 집착에 사로잡혀 있을 땐 불안하고 혼란스러워서 자신이 무슨 행동을 하고 있는지 모를 수 있습니다. 비난하기보다 기다리고 도와주는 자세가 필요합니다. 내 남편, 내 아내와 어깨를 나란히 하는 멋진 삶을 원한다면 '불가근불가원(不可近不可遠)'을 실현할 황금비율을 찾아야 합니다. 독일의 시인 라이너 마리아 릴케(Rainer Maria Rilke)이 한 말에서 힌트를 찾아보세요.

"좋은 결혼은 그 속에서 고독의 후견인을 지정하는 것이다. 가장 가까운 사람에게서조차 거리감이 유지되고 있다는 사실을 인정하고 드넓은 하늘 아래서도 서로 다른 것을 보는 그들 사이의 거리감을 사랑한다면 어깨를 나란히 하는 멋진 삶이 자라날 수 있을 것이다."

자녀의 결혼을 앞둔 부모님들에게

축하드립니다. 자녀의 결혼이 얼마나 기쁘고 설레실까요. 저도 얼마 전 아들의 여자친구를 소개받아서 그 마음을 조금은 알 것 같습니다. 엄마 뒤꽁무니만 졸졸 쫓아다니던 아들이 어느덧 성인이 되어 자신만의 인생을 설계해나갈 시기를 맞았다고 생각하니 감회가 남다르더군요. 기특하고 자랑스러운 마음 한편에서 이 험난한 세상을 어떻게 해쳐나갈지 걱정스러운 마음도 잠깐 들었습니다.

하지만 저는 아들을 믿습니다. 때로 힘들고 고통스러운 나날이 기다리고 있겠지만 스스로의 힘으로 그 고비를 잘 넘어갈 것입니다. 그리고 서로에게 힘이 되고 위로가 되며 함께 성장할 인생의 동반자가 있다는 것만으로도 참으로 뿌듯하고 대견합니다.

제가 아들에게 미처 주지 못했던 부분들은 자신의 파트너와 함께 채워나가며 새로운 인생 스토리를 만들 것입니다. 크고 작은 갈등도 겪을 테고, 익숙한 삶의 규칙을 내려놓고 새로운 삶을 설계하는 일이 쉽지 않을 수도 있습니다. 그래도 두 사람이 함께하니 재밌게 잘 이겨내리라 믿습니다. 결혼생활은 아마도 그런 갈등과 기쁜 화해가 무한 반복되는 시간으로 채워질 것입니다. 그리고 그 과정에서 결혼하지 않았다면 불가능했을 성장도 이루어낼 것입니다. 저는 멀리서 그 갈등의 종착지가 성장이기를 바라는 마음으로 아들 부부를 응원하려고 합니다.

20년 가까이 부부상담을 하면서 양가 부모로 인해 힘들어하는 부부들을 너무나 많이 봐왔습니다. 그 시간 속에서 '자식을 위해서'라는 명분으로 행해지는 고문과도 같은 참견이 자녀의 삶에 독을 푸는 행위이며, 그 독은 생각보다 더 오래, 더 깊숙이 자녀의 삶을 망가뜨린다는 것을 알고 있습니다. 돌이킬 수 없는 잘못을 저지르면서도 상황을 악화시키는 사람이 바로 자신이라는 사실을 모르고 있는 경우도 숱하게 보았습니다.

자녀의 배우자가 마음에 안 드시나요? 반대를 했다가 백기를 드셨나요? 그런데 분명한 것은 자녀의 배우자를 보면 내 자녀의 점수가 대략 나온다는 점입니다. 멋진 자녀가 후줄근한 배우자를 데려올 확률은 매우 낮습니다. 반대의 경우도 마찬가지입니다. 결혼은 비슷한 수준의 인격을 가진 사람들끼리 합니다. 자녀의 배우자가 마음에 들지 않는다면

'내가 자식을 저 수준으로 키웠구나'라고 뼈아프게 성찰하는 시간으로 삼으시길 바랍니다.

이제는 시대가 변했습니다. 기성세대가 가진 결혼에 대한 생각은 이제 폐기해야 할 고리타분한 가치관임을 인정해야 합니다. 지금의 젊은 세대는 새로운 관계맺음을 원하고, 자신들의 방식대로 살아가길 원합니다. 우리는 그것을 이해하고 존중하며 받아들여야 합니다. 자녀에게 부모의 가치관을 강요하는 것은 그들에게 결혼하지 말라고 말하는 것과 다르지 않습니다. 안타깝게도 자신의 가치관을 고집하는 어른들로 인해 실제로 많은 젊은이들이 결혼을 기피하고 있습니다. 결혼을 했다가도 상대 부모님의 개입과 간섭이 심하면 이혼도 불사합니다. 바라건대 젊은이들 스스로 자신들의 새로운 결혼 비전을 만들 수 있도록 격려합시다.

그동안 자녀를 반듯하게 키워내느라 얼마나 고생이 많으셨습니까? 이제 여러분도 인생의 새로운 3막을 열어가야 할 시점입니다. 결혼을 통해 2막을 열었다면, 자녀로부터 자유를 얻고 이제는 본인과 배우자에게만 집중하는 부부의 시간을 가져보는 것은 어떨까요.

자녀가 독립하면 부부 둘이서만 지내기가 곤혹스러워진다고 합니다. 자녀를 낳고 키우느라 배우자와의 관계가 소원해졌기 때문입니다. 부부 중심으로 살지 못하고 부모님

중심과 자녀 중심으로 살았던 세대였으니 충분히 이해도 됩니다. 이렇게 살아왔던 중년 부부가 갑자기 부부 중심으로 살려다 보니, 어디서부터 어떻게 시작을 해야 할지 막막해집니다. 그래서 자녀 부부에게 말도 안 되는 요구를 하는 일도 생깁니다.

하지만 이제는 자녀 부부에게 부모의 결혼생활에 조정자로 나서달라고 요구할 수 없는 시대가 되었습니다. 자녀의 배우자에게 건네는 말 한 마디라도 조심하고 마음을 세심하게 살펴야 합니다. 그래야 자녀 부부도 가끔씩이나마 부모님을 만나러 올 것입니다. 부모님이 부부 중심이 잘 되지 않아 자녀 부부를 찾을 수밖에 없다면 그들에게 미안하고 고마운 마음을 가져야 합니다.

자녀를 결혼시켰으니 할 일을 다 했고, 우리 부부 사이를 되돌리기엔 너무 늦었다는 생각이 드시나요? 전혀 늦지 않았습니다. 앞으로 부부가 함께 살아갈 날이 창창합니다. 지금부터라도 끊어졌던 부부 관계를 이어 붙여서 재미있고 건강하게 살아갈 궁리를 해야 합니다. 그래야 자녀들도 안심하고 자신들의 인생을 살아갈 수 있습니다. 이제라도 부부 중심, 부부 애착을 되살려 더 안정되고 행복한 인생 후반 길을 걸어가시길 간곡히 부탁드립니다.

365 커플 대화 챌린지

결혼생활은 부부가 중심이 되어야 합니다. 신뢰를 바탕으로 친밀감이 쌓이면 힘든 상황을 맞더라도 지혜롭게 헤쳐 나갈 수 있습니다. 뿌리 깊은 나무는 바람에 쉬이 흔들리지 않고 비 온 뒤에 땅이 굳는 것처럼 부부애착을 바탕으로 관계가 튼튼하면 삶의 역경을 겪더라도 관계는 더욱 깊어집니다.

그렇다면 구체적으로 어떤 방법이 도움이 될까요? 부부애착을 강화시키는 연습을 소개합니다. 매일 잠깐이라도 시간을 내어 서로 질문을 주고받다 보면 이야기가 가지를 뻗어 훨씬 더 풍성한 대화의 장이 열릴 것입니다.

만약 결혼하지 않은 커플이라면 '배우자'를 '연인'으로 바꿔서 질문하면 됩니다. 한 가지 주제로 대화를 나누거나, 체크리스트를 해보는 등 두 사람만의 시간을 가지면서 하나씩 해보세요. 서로를 이해하며 수용하는 특별한 시간이 될 것입니다.

1. 마주 보기

대화를 시작하기 전 가장 먼저 할 일은 서로의 눈을 마주 보는 것입니다. 무릎을 가볍게 맞대고 손을 잡아도 좋습니다. 그리고 조용히 상대의 눈을 바라봅니다. 연애할 때는 서로 눈을 마주 보는 일이 어색하지 않지만, 결혼 후 바쁜 일상에 치이다 보면 어느 새 눈맞춤이 쑥스럽고 어색해지기도 합니다. 서로의 눈동자를 바라본 게 언제인지 기억조차 나지 않을 수도 있습니다. 부부 대화 챌린지는 고요히 서로의 눈동자를 바라보는 것부터 시작합니다. 밝고 부드러운 표정으로 상대의 눈을 바라보세요. 마주 보는 눈빛에 사랑을 담뿍 담아보세요. 그리고 오늘 주제를 골라 대화를 시작해봅니다.

2. 질문하기

대화 챌린지는 구체적인 질문으로 되어 있는데, 서로에게 질문을 던지고 이야기를 듣는 방식입니다. 질문지를 읽고 각자 생각을 말하는 것보다 서로에게 질문을 해보는 게 더 효과적입니다. 따뜻하고 온화한 목소리로 질문을 하고 상대가 어떤 이야기를 할지 관심을 기울입니다. 우리는 궁금증이나 호기심이 생길 때 질문을 하고 싶어집니다. 배우자에게 관심이 줄어들면 상대가 어떤 생각을 하고 있는지, 어떤 감정을 느끼고 있는지 궁금하지 않습니다. 또는 배우자에게 관심이 있다고 주장은 하지만, 이런 과정을 소홀히 하며 상대가 갖는 서운한 심정에 대해서 외면하기도 합니다. 대화 챌린지에 있는 질문들은 관계를 더욱 돈독하게 만드는 내용들입니다. 질문할 때는 사건이나 일에 대한 것뿐만 아니라 그때 어떤 감정을 느꼈는지도 함께 물어봐주세요. 질문을 통해 일상의 소소한 점들을 공유할수록 관계가 좋아집니다.

3. 경청하기

눈을 마주 보고 질문을 던져 대화를 시작했다면, 진심으로 귀를 열고 배우자의 말을 듣습니다. 누가 먼저든, 듣는 사람은 배우자가 충분히 말할 수 있도록 끝까지 경청합니다. 대화를 하다 보면 중간에 상대의 말을 끊고 자신의 생각을 말하고 싶을 때가 있습니다. 그럴 때는 쿠션(또는 베개)을 활용해서 쿠션을 갖고 있는 사람만 말을 합니다. 화자가 바뀌면 쿠션을 상대에게 전달합니다. 상대의 말에 오류가 있거나 다른 관점이 생겨 반론을 하고 싶어도 기다립니다. 이때 몸을 살짝 앞으로 숙이거나 고개를 끄덕이며 내가 당신의 이야기를 잘 듣고 있다는 신호를 보냅니다. 상대의 이야기에 공감하며 경청하는 행위는 우리의 관계를 중요하게 여기고 있다는 의미이자, 나와 상대를 동시에 존중하는 태도입니다.

4. 마주 보기부터 되지 않을 경우

부부가 서로 마주 보는 것조차 힘든 경우가 있습니다. 부부 중 한 사람이 더 강하게 거부할 수도 있습니다. 이는 관계가 많이 훼손된 경우로, 정서적인 측면은 거의 없고 기능적인 부부로서의 관계만 유지하고 있을 확률이 매우 높습니다. 이때 억지로 두 사람을 마주 보게 하는 것이 더 안 좋은 상황을 만들기도 합니다. 현재 상태를 인지하고 받아들이는 게 더 중요합니다. 두 사람의 관계가 이만큼 힘들고 어렵다는 것을 인정하고 부부상담 전문가의 도움을 속히 받으시길 바랍니다.

Day 1

상대와 결혼(교제)을
결심했던 순간은 언제인가요?
어떤 것이
결정적인 계기가 됐나요?

Day 2

결혼하길 참 잘했다고
생각될 때는 언제인가요?
배우자에게 알려주세요.

Day 3

성격, 습관, 가치관 등
배우자로 인해
바뀐 것이 있나요?

Day 4

살면서 서로에게
가장 미안했던 일은
무엇인가요?

Day 5

연애 시절엔 몰랐는데
살면서 알게 된
배우자의 장점은
무엇인가요?

Day 6

상대가 나를 사랑한다고
느끼는 순간은 언제인가요?

Day 7

결혼 전후 가장 많이 달라진
배우자의 모습은 무엇인가요?

Day 8

배우자나 연인과 함께
성취한 것 중에서
가장 기억에 남는 것은
무엇인가요?

Day 9

평소 배우자에게
가장 많이 듣는 말은
무엇인가요?

Day 10

배우자와의 관계에서
가장 만족스러운 것은
무엇인가요?

Day 11

배우자에게 했던
말이나 행동 중에서
가장 후회되는 것은
무엇인가요?

Day 12

결혼을 망설인 순간이 있었다면,
어떤 이유에서인가요?

Day 13
최근 배우자에게 들은 말 중
가장 위로가 됐던 말은
무엇인가요?

Day 14
배우자의 성감대가
어디인지
알고 있나요?

Day 15
다정하고 따뜻한 마음을
눈빛에 담아
1분 30초 동안
서로를 바라봅니다.

Day 16
배우자가 정서적으로
어떤 상태인지 알려주는
신호가 있나요?

Day 17

배우자에게 받은 선물 중에서
가장 기억에 남는 것은
무엇인가요?

Day 18

주로 어떤 일로
부부 싸움을
하게 되나요?

Day 19

자녀가 배우자로부터
닮았으면 하는 점은
무엇인가요?

Day 20

배우자가 화가 났다는 것을
알 수 있는
징후는 무엇인가요?

Day 21

10년 후 우리 부부는
어떤 모습으로
살아가고 있을까요?

Day 22

배우자가 사랑스럽게
느껴지는 순간은
언제인가요?

Day 23

배우자와 함께했던
가장 행복했던 하루는
언제인가요?

Day 24

다시 연애 시절로 돌아간다면
하고 싶은 일은
무엇인가요?

Day 25

배우자가 부모로부터 받은
가장 좋은 영향은
무엇인가요?

Day 26

배우자의 눈을 보고
인정과 칭찬을 해봅시다.
지인 모임에서
배우자 칭찬을 한다면
어떤 말을 하겠습니까?

Day 27

결혼생활을 위해 결혼 후
포기한 것이 있다면
무엇인가요?

Day 28

배우자가 안쓰럽게
느껴질 때는 언제인가요?

Day 29

함께 있으면서도
외로운 순간은
언제였나요?

Day 30

싸울 때 듣고 싶지 않은 말을
딱 하나 고른다면
무엇인가요?

Day 31

배우자의 성장 과정에서
가장 가슴 아픈 일은
무엇인가요?

Day 32

일주일의 휴가가 주어진다면
가장 해보고 싶은 일은
무엇인가요?